国語科授業サポートBOOKS 明治図書

楽しく学んで国語力アップ！「楽習」授業ネタ&ツール

関田 聖和 著

明日から授業で使える
アイデア・ワークシートが満載！

話す・聞く ＋ 書く ＋ 読む ＋ 伝統的な言語文化

ま・え・が・き

「一番好きな授業はなあに。」
と子どもたちに問うと,
「体育！」
「算数！」
「社会！」
などの声が返ってきます。私が一生懸命に取り組んでいる国語は,最後の方にやっと出てきます。でも,その国語の授業に取り組む先生方からは,なかなか楽しく取り組めないという声を聞きます。

　世代交代の波が学校関係にも押し寄せ,たくさんの若い先生方が採用されています。そして指導される中堅の先生方……。そうした若い先生方,中堅の先生方に手にとってもらえるように,実際に実践してきた取り組みを1冊にまとめました。
　また,家庭学習の重視も叫ばれる時代になってきました。少しアレンジしてもらうと家庭でもできる,「楽習」ネタを網羅しました。

　私は,国語で様々な表現方法を習得するための大前提として,学ぶことが楽しい,学んでいることが楽しいと子どもたちに味あわせたいと考えています。学習を「楽習」にしたい。そして,「楽しい」,「分かった」,「できた」,「さらに」と,子どもたちの意欲を高めたいのです。そして様々な学習活動や発表の場で,自己表現できるようにしたい。そのための私の考え方を第1章でまとめさせていただきました。

第2章では，国語の授業で取り組んでいることを一つずつまとめました。教壇に立ったばかりの若い先生にも伝わるように，つけたい力と共に，進め方，アレンジ，そして，評価について書きました。またこれらは，小学生の子どもをもつ保護者の方にも使ってもらうことができればと願いながら，ワークシートもつけさせてもらいました。

　全国学力テストの質問紙の中でも，国語を好きと答える子どもたちが，どの教科よりも低いそうです。国語を表現方法を習得するための教科と考えている私にとっては，心が痛む話です。

　この本にまとめさせてもらったものは，子どもたちが活き活きと活動したものや保護者の方から感謝のお手紙をいただいた取り組みばかりです。どのページから読んでいただいてもかまいません。ぜひ，目の前の子どもたちの実態に合わせながら，取り組んでいただきたいです。そして学習が「楽習」となり，たくさんの子どもたちが知的で，笑顔になる教室が増えることを願っています。

関田　聖和

目次

まえがき 2

「楽習」「楽書き」のすすめ

1 どうして,「楽習」「楽書き」が必要か 8
2 「楽習」を進めるにあたっての心構え 10
3 楽しい！ 分かった！ できた！ さらに！ 12
4 「楽習」「楽書き」授業を準備するにあたって 14
5 「さらに！」を深めるには 16

楽しみながら国語力がつく「楽習」授業&ツール57

迷ったときの「楽習」ネタ帳 20

話す・聞く

1 がまくん,かえるくんってどんな子？	低学年	22
2 あったらいいな,こんなもの	低学年	24
3 なりきりインタビュー	中学年 高学年	29
4 対話名人になろう	中学年 高学年	30
5 リレートーク	中学年 高学年	36

 書 く

6	おおきいみかん	低学年 中学年 高学年	38
7	再生作文	低学年 中学年 高学年	39
8	この子は，だあれ	低学年 中学年	40
9	ふしぎなふくろ	低学年 中学年	41
10	がまくん，かえるくんを紹介しよう	低学年	42
11	宝物探し作文	中学年	43
12	あいうえお作文	中学年 高学年	48
13	国語辞典作文	中学年 高学年	50
14	読書感想文の書き方	低学年 中学年 高学年	52
15	（　　）ってどんな人かって	中学年 高学年	58
16	よそう作文	中学年 高学年	60
17	100字を超えたらOK作文	中学年 高学年	62
18	友だちなりきり自慢作文	中学年 高学年	63
19	ファンタジー作文	中学年 高学年	64
20	リレー作文	中学年 高学年	67
21	つなぎ（接続詞）作文	中学年 高学年	68
22	図形当て作文	中学年 高学年	71
23	五七五作文	中学年 高学年	72
24	大入り作文	高学年	73
25	ことわざ辞典を作ろう	高学年	74
26	考えたことをパソコンでまとめよう	高学年	76
27	無人島サバイバル作文ゲーム	高学年	78
28	アウトライン	高学年	80
29	四字熟語作文	高学年	81
30	一字題一行詩	高学年	82
31	インターネットの写真をレポートしよう	高学年	83
32	詩的大改造ビフォーアフター	高学年	84

読　む

33	音読指導アラカルト	低学年 中学年 高学年	85
34	群読に挑戦しよう	低学年 中学年 高学年	88
35	おならはえらい	低学年 中学年	90
36	ゲストティーチャーは，声優？Say you！	中学年 高学年	92
37	物語読解の始めの5つ	中学年 高学年	94
38	説明文読解の始めの5つ	中学年 高学年	96
39	めざせ！都道府県マスター	中学年 高学年	98
40	本の紹介をしよう	中学年 高学年	100

伝統的な言語文化

41	図から漢字を探せ！	低学年 中学年 高学年	103
42	漢字から片仮名を探せ！	低学年 中学年 高学年	106
43	□に2画付け足した漢字を探せ！	低学年 中学年 高学年	108
44	いろいろな漢字探しの紹介	低学年 中学年 高学年	110
45	漢字ビンゴ	低学年 中学年 高学年	114
46	画数最大の漢字	低学年 中学年 高学年	116
47	漢字リレー	低学年 中学年 高学年	118
48	漢字五万字	低学年 中学年 高学年	119
49	初めての平仮名指導	低学年	120
50	知っておこう，片仮名表記	低学年	122
51	読点の学習，どこで切る？	低学年	124
52	どの子も伸びが分かる毛筆指導	中学年 高学年	126
53	「ぱわぁあっぷ」あいうえおカード	低学年 中学年 高学年	128
54	「ぱわぁあっぷ」百人一首	低学年 中学年 高学年	132
55	「ぱわぁあっぷ」ことわざONUカード	中学年 高学年	134
56	辞典ゲーム「たほいや」	中学年 高学年	136
57	「ぱわぁあっぷ」四字熟語ドッキング・ONUW	高学年	138

あとがき　140
参考文献　142

1 どうして,「楽習」「楽書き」が必要か

 古くから使われている言葉「楽習」

　わたしの研究テーマとしている「楽習」。もともと古くから使われている言葉です。

　知っている限りでは，1978年5月に，『英単語楽習ブック（カセット＋テキスト）』という教材が販売されています。きっとそれ以前にも「楽習」という言葉は，使われていたのでしょう。当たり前の話ですが，平成の時代に活躍する現役教師が作り出した言葉ではありません。

　会ったことも話したこともない先輩たちが作り出したこの言葉……。

　どこまで意志を継いでいるかは，はなはだ疑問ですが，わたしの研究テーマ，信条，こだわりなどから，大切にしたい言葉です。

　「楽習」という言葉。文字通り，楽しく習うことです。

　あるCMで，

　「楽しくなければ，学校じゃない」

　「おもしろくなければ，授業じゃない」

という言葉があります。まさに言い得て妙。うまいことを言うなと感心させられます。

　脳科学の知見でも，楽しいと感じると学習意欲も湧き，定着もよいと言われます。

　楽しく学ぶことで，学習内容の定着も上がる。まさに，

　　　　　　　「楽」は，「学」に通ずる

のでしょう。ちょっとした工夫で，学習内容を楽しいものに，「楽習」にしていきたいものです。

 空気を吸うように書く　それが,「楽書き」

　空気を吸うように，当たり前のように，楽に書く，それが「楽書き（らくがき）」です。

これは，教師になった初めての勤務校で，先輩の学級通信で見つけた言葉です。それを読ませていただいてすぐ，空気を吸うように自然体で，自分の思いを書き綴れる子どもたちに育てたいと強く思いました。
　そして手にしたのは，野口芳宏先生の著書『作文で鍛える』（明治図書）です。
　今は，『作文力を伸ばす，鍛える〔増補版〕』（明治図書）となって発刊されています。そこには，作文指導への13のポイントがありました。

　1．小作に安んぜよ　　　2．娯楽として書け
　3．精しく読むな　　　　4．評語を書くな
　5．添削するな　　　　　6．やたら書かせよ
　7．丁寧に書かせるな　　8．いつでも書かせる
　9．どこでも書かせる　　10．やたらほめまくる
　11．おもしろがらせる　　12．用紙を手元に置く
　13．基礎を教える

の13項目です。拝読してすぐに，これらの項目は，子どもたちにとっても，教師にとっても，「楽しい」ものだと感じました。
　それは，大作でもなくてよく，丁寧に書かなくてもいい。そして評語を書くな，だからです（笑）。
　これらのことを様々な実践を通し体感する中で，書くということは，楽しんでするもの。そして，空気を吸うように，当たり前のように，楽に書く。それを「楽書き」と，名付けています。
　平成23年度から使われている学習指導要領には，作文という言葉はありません。しかし，文を綴るということは，大切な学習活動です。そして，何より「楽習」を支える大切な学習活動です。
　鉛筆を持つ抵抗が少なくなるように。そして，空気を吸うように文を書くことができるように。そのためには，「楽書き」が必要なのです。

2 「楽習」を進めるにあたっての心構え

教師自身が楽しく，笑顔は必須！

「楽習」は，楽しく習う学習です。ですから，
　　　　　教師自身が楽しく進めなくてはなりません。
　　　　　　　　笑顔は，必須です。
　そして，故有田和正先生の箴言でもある，
「1時間に1回も笑いのない授業をした教師はただちに逮捕する」
が，取り組みの柱となります。まさにこの精神で取り組んで欲しいのです。
少々，教師や子どもが失敗しても……。

ありのままの子どもの姿を受け入れて

　また，子どもたちの学習活動をありのまま受け入れて取り組みたいところです。だから，子どもたちの特性を受けとめる必要があります。
　わたしは，特別支援教育士（S.E.N.S）の資格をもっています。校内では，特別支援教育コーディネーターを平成19年から務めています。子どもたちの様々な学び方を受けとめ，それらを先生方にお伝えしています。これからの授業づくりには，子どもたちの「学び方」も，意識したいものです。
　本書では，手にされた先生方や保護者の方が，子どもの困っていることに寄り添いながら取り組むことができるように，進め方の手順やポイントも掲載しています。実践のヒントにしていただけると幸いです。

「楽習」のベースには，「楽書き」がある

　「楽習」を支えるベースには，「楽書き」があります。つまり，
　　　　　空気を吸うように，当たり前のように，楽に書く
ことができ，
　　　　　　　鉛筆をもつ抵抗感を減らす

ことが大切です。そのために，本書に載っている取り組みをしていく中で，抵抗感が減っていくことでしょう。
　次のような先生と出会ったことがあります。
「クラスが落ち着いていないので，そのような楽しい授業はしません。」
と。
　確かに，「書く」活動は，脳の処理過程の中でも，「読む」よりも脳内での処理が多い活動です。落ち着いていないクラスで，「楽書き」のような授業は，難しいと考えられることも分かります。しかし，書くことで，「気持ちが落ち着く」・「考えが整理できる」というメリットがあります。また，手が動いている間は，活動をしているので，いわゆる「荒れ」も見せないでしょう。
　「書く活動を授業に取り入れると，自然と静かになる」という先生もたくさんいます。カリカリと，鉛筆の音だけが響く教室も，何だか知的な雰囲気ができて，子どもたちにもいい影響があるでしょう。

短い時間に取り組んで，「変化のある繰り返し」

　「楽習」・「楽書き」の授業は，長い時間取らなくてもよいです。それよりも，短い（書く）時間を繰り返し行い，その姿や行為を褒めていくことで定着していきます。そうすることによって，子どもたちは，書く時間が心地よいものとなっていきます。そしてそのまま，学習時の自然な行為へとつながっていきます。そうなってくると，次第に様々な活動で，書くことを積極的に取り入れるようになります。
　そうです。子どもたちの向上的変容，「ぱわぁあっぷ」された姿を見ることができます。
　このように，書くことは，学習には欠かせない活動なのです。

③ 楽しい！ 分かった！ できた！ さらに！

  楽しい！ 分かった！ できた！ さらに！

　「楽書き」を成立させるために，欠かせないことは，「楽しい」ということです。これは，「楽習」の考え方と同じです。学習活動の第一歩と捉えています。

　わたしは，子どもたちの学習の定着過程を次の4段階で考えています。それは，

　　1．楽しい！
　　2．分かった！
　　3．できた！
　　4．さらに！

です。

　何かするにも，「楽しい」と感じると，意欲，関心が増すものです。どんなことであっても，取り組み始めると，次第にやる気が起こってきます。そして意味が分かってくると，楽しくなってくるのです。

　そして，課題が「分かり」，「できる」ようになっていきます。

　もちろん，学習する子どもたちが嫌々であっても，この過程は成立します。しかし，学習効果が低くなります。

　あるアメリカのデータに次のようなものがあります。ある作業を楽しいと感じている人とそうでない人に，同じだけの作業量を与えたときに，より作業の成果が高いのは，「楽しい」と感じている人だったそうです。

  「楽習」は，学力向上

　わたしは，子どもたちが課題を「できた」ところで，とどめるのではなく，「さらに」次のステップへ進ませたいと考えています。

　跳び箱を例に取ります。跳び箱ができた！と言えるステップには，

1．助走する
2．両足で踏み切る
3．手を着く
4．足を開く
5．腕で体を支え，おしりは，あげる
6．着地する

といった動作があります。これらが一つずつできていくことによって，跳び箱を跳び越すことができるようになります。

　練習を「楽しい」と感じ，教師からの助言が「分かり」，跳び越すことが「できる」ようになると，「さらに」高い技に挑戦するようになります。

　「さらに」がどんどん進んでいくと，学力向上につながっていくことでしょう。そして「さらに」次のステップの課題を解くことができるようになると，学習活動自体が楽しくなってくることでしょう。

　したがって「楽習」に取り組むことは，学力向上にもつながっていくのです。

 家庭学習には，うってつけの「楽習」・「楽書き」

　「楽習」は，家庭学習にも，効果的です。

　宿題以外の学習に取り組んでいる家庭もあるでしょう。もちろん，市販の問題集を解くこともいいですし，習い事から出される宿題などでもいいでしょう。学習に取り組むこと自体は悪いことではありません。

　しかし，習慣化されていないご家庭で，宿題以外の家庭学習に取り組むとなると，なかなか大変なようです。

　そこで本書の「楽習」・「楽書き」の手立てを使うことで，家庭での学習が宿題だけ終わらせておしまいではなく，ご家庭の中でも，楽しい！ 分かった！ できた！ さらに！のサイクルで，学習に取り組むことができます。

4 「楽習」「楽書き」授業を準備するにあたって

材料七分 腕三分

　「材料七分 腕三分」の言葉は、故有田和正先生の授業づくりでの大切な視点です。「楽習」の準備は、できるだけシンプルにしたいと考えています。
　その上で大切なポイントは、
「全員が楽しむことができること」
つまり、
「全員が活動に取り組むことができること」
です。
　当たり前ですが、楽しむことができるためには、取り組むことが必要です。ということは、「全員が楽しむことができること」とは、「全員が活動に取り組むことができること」が必須になります。
　だからこそ、欲張らず、でも、あきらめず。その割合は、「材料七分 腕三分」なのです。

「全員が活動に取り組むことができること」

　全員が活動に取り組むことができるようにするためには、子どもたち個々のもっている力を把握しなくてはいけません。
　例えば、漢字を使った「楽習」に取り組みたいと考えた時、すらすらと自分の学年以上の漢字を読むことができ、書くこともできる子どもから、漢字はすらすらと読むことはできないけれど、漢字の一覧を見て探すことができる子どもまでと、様々でしょう。
　そうであるならば、漢字の一覧や辞書、また新聞などの用意が必要なのかも知れません。教室に複数、さらりと用意しておきましょう。
　そして最初から、
「ここにあります。使っていいです。」

とは言わずに，しばらく取り組み始めてから，頃合いをみて声をかけるといいでしょう。資料を使わずに取り組みたい子どもは，自分自身の知的好奇心と相談しながら取り組むからです。

子どもたちのアセスメント（評価）を

　これは，「楽習」・「楽書き」だけに限ったことではないですが，子どもたちの能力をアセスメントする力があれば，もっと「楽習」の効果を高めることができます。子どものもっている力を把握することによって，視覚支援や聴覚支援を効果的に取り入れることができるでしょう。

　これについては，校内におられる特別支援教育コーディネーターの先生などに，
「○○をしようと思うんだけど，Ａさんには，どのような配慮がいるかな。」
と尋ねるとヒントを得られるかも知れません。

　例えば，
「あの子，升目の多い作文用紙よりも，少ない升目の作文用紙の方がたくさん書くかも知れない。」
と言われたら，升目の数が違った3種類程度の作文用紙を用意してみます。100ます，150ます，200ますなどのように，複数のパターンを用意すると，書くことなどに苦手意識のある子どもも取り組みやすくなります。

　また，読み書きに苦手さを感じている子どもについては，
- ◎　書かせる量を減らす
- ◎　読ませるのではなく，読んであげる
- ◎　文字を大きくする
- ◎　行間を広く取る
- ◎　一文しか見えないようにするための教具を型紙などで作る

などの手立てを取ってあげるといいでしょう。

5 「さらに！」を深めるには

知的好奇心をくすぐる

　子どもたちに課題を与える際，難しい課題と簡単な課題を並べて用意しておくと，簡単な課題の方が取っ掛かりはよいのですが，長続きしないということはありませんか。あまり難易度を上げすぎてはいけませんが，少々難しい方が，子どもたちは集中して取り組むようです。それは，子どもたちの知的好奇心がくすぐられるからだと言われています。

　例えば，後述している「漢字探し」の取り組みでは，
「昨年担任した4年生では，40個みつけたんだよ。」
とか，
「おおきいみかん」の取り組みでは，
「この間，1年生の日記を読んだけど，おおきいみかんが全部入ってたんだよ。」
と，子どもたちの知的好奇心を揺さぶる言葉を投げかけます。

　教師のちょっとしたあおる声かけは，いい意味で重要です。

1回で終わらない

　時に，1年間の中で，何回か同じ取り組みをして，比較すると伸びがよく分かります。ノートやワークシートなどで見比べることができるようにしているといいでしょう。

　「楽習」の内容によっては，毎日3分間取り組むことができるものもあります。ぜひ取り組み続けてみてください。子どもたちが，自然と学んでいくでしょう。

　また，自主勉強などのネタとして取り組ませることもいいでしょう。こうでなくてはならないという考え方に縛られずに取り組むことが大切です。

褒めて取り組ませる

　取り組みの中には，ランキングを競うことができるものもあります。もちろん一番できた子どもを褒めることも大事ですが，50個以上とか2分以内とか，下限や範囲を決めて，たくさんの子どもを褒めることができるようにすることが大事です。また，複数回取り組むと，伸びも褒めることができます。
　褒めるチャンスがあれば，どんどん褒めていけると，子どもの取り組み方も変わります。

 交流活動で広める

　国語科の学習指導要領では，「交流」が取り入れられています。書くことの領域では，書いたものを交流し，推敲したり，校正したり，評価したりする活動が行われています。「楽習」も同様に，学んだことを友だち，学年内，異学年で交流することで，「さらに」頑張ろうという気持ちが芽生えます。
　学級通信，学年通信などで，保護者や地域の方へ広げたり，学校ウェブサイトなどに子どもたちの作品を掲載してもおもしろいかもしれません。
　また以前に担任した子どもが取り組んだ時の記録を提示し，励みにすることもできるでしょう。

 授業参観で取り組む

　「楽習」には，保護者対抗で取り組むことができる取り組みもあります。授業参観で取り組むと保護者も必死になって取り組んでくださることがあります。また，保護者の方が，自分のお子さんに，
　「どんな答えを書いたの。教えて。」
とか
　「すごいね。ママ，負けちゃった。」
という言葉をかけてもらえると嬉しいことでしょう。これも，是非取り組んでみてください。

2章

楽しみながら国語力がつく「楽習」授業＆ツール57

国語学習を国語「楽習」にするために！
迷ったときの「楽習」ネタ帳

★ つけたい力 ★

教師自身の素材研究，教材研究をする力

●準備するもの…「楽習」単元構成シート

概要

　指導内容の多い教材を扱う時に必ず，素材研究，教材研究をし，単元計画を立て，それぞれの時間ごとの板書計画を立てることでしょう。

　そして，近年当たり前のように言われるようになってきた単元を貫く言語活動……。初めてこの言葉を聞いたのは，平成22年だったでしょうか。この言葉が広く知れ渡ってから，わたしの授業観も変わりました。周りでは，国語の授業が分からなくなったという先生も……。そこで，頭の中を整理するために，次のような単元構成シートを使っています。学習を「楽習」ネタにするシートです。

使い方

　どこの欄から埋めていってもよいですが，学習計画については，第3次から考えた方が，スムーズに計画を作ることができます。つまり，「楽習」できた！楽しかった！分かった！できた！さらに！となる授業ができるように，勝利からの逆算です。

アレンジ

　項目を変えれば，他教科でも使うことができます。

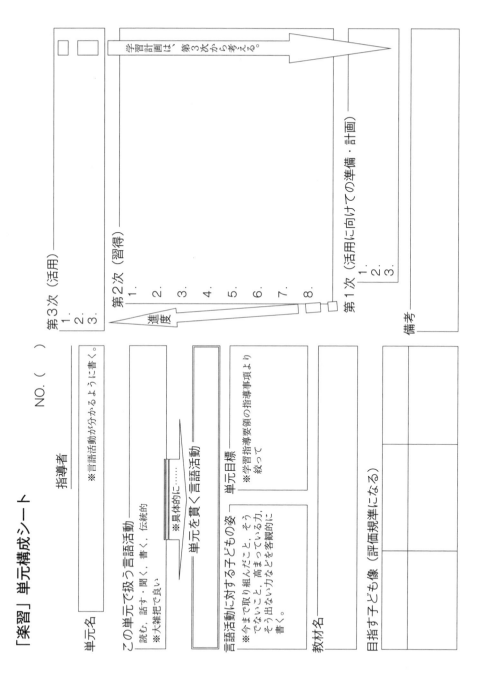

| 話す・聞く | 書く | 読む | 伝統的な言語文化 |

並行読書後の交流の取り組み

がまくん，かえるくんってどんな子？

★ つけたい力 ★

相手に応じ，身近なことなどについて，事柄の順序を考えながら話す能力，大事なことを落とさないように聞く能力，話題に沿って話し合う能力を身に付けさせるとともに，進んで話したり聞いたりしようとすることができる。

●時間…45分
●準備するもの…「ふたりはいっしょ」「ふたりはともだち」「ふたりはいつも」
「ふたりはきょうも」（文化出版局）の挿絵，ノートや作文用紙

こんな楽習！

並行読書後の交流が，難しいという声を聞きます。低学年でもできる「どんな子」と登場人物に視点を当て，紹介し合う交流「楽習」ネタです。

進め方

① 「がまくんとかえるくんのお話をたくさん読みました。読んだお話から，どんな子なのかを紹介しましょう。」と指示します。
② 「がまくんは，○○な子です。それは，△△をしたからです。かえるくんは，○○な子です。それは，△△をしたからです。」と話し，書き方を板書します。つまりこれが話し原稿になります。
③ ポイントは，「すいえい」というお話を入れておくことです。

アレンジ

これをもとに，お話を書く手立て（がまくん，かえるくんのお話を作ろう）にもなります。

☑ 評価のしかた

「○○な子」と，話すことができたらそれでいいでしょう。

『がまくんとかえるくん』をしょうかいしよう

名前 [　　　　　　　　　　　]

↓読んだお話をチェックしよう！

お話の名前	○	がまくん、かえるくんは、どんな子かな。
おてがみ		
がまくんのゆめ		
ひとりきり		
クリスマス・イブ		
すいえい		
はやくめをだせ		
あしたするよ		
なくしたボタン		
あしたするよ		
たこ		
アイスクリーム		

2 便利な道具を考えて発表会をしましょう
あったらいいな，こんなもの

話す・聞く　書く　読む　伝統的な言語文化

★ つけたい力 ★

文章の内容と自分の経験とを結び付けて，自分の思いや考えをまとめ，発表し合うことができる。

●時間… 5 ～45分　　●準備するもの…ワークシート

こんな楽習！

光村図書2年に掲載されている教材「あったらいいな，こんなもの」の「楽習」ネタです。子どもたちが考えたおもしろ道具を紹介する単元です。

絵を描かせて，説明を書かせて，みんなへ発表。この一連の流れをワークシートを使って，楽しく取り組みます。

進め方

① 教材文を音読し，学習のめあてを確認します。つけたい力を「自分の考えた道具を友だちに分かるように話そう」とします。
② 学習計画を伝えます。
・考えた道具の絵を描き，説明を書く。
・紹介する原稿を書く。
・原稿を読む練習をする。
・みんなの前で，自分の考えた道具を友だちに分かるように話す。
③ ②の計画順に，ワークシートに沿って，取り組んでいきます。
④ 発表用のワークシートでは，接続詞などがうまくつながるように，教師が校正・推敲します。
⑤ 発表用のワークシートは，清書用として取り組むといいでしょう。下書きとして，ノートに記述させるとスムーズに取り組めるかも知れません。クラスの子どもの実態に合わせてください。

⑥　クラスの人数が多い場合は，グループで発表するようにした方が，会が引き締まることでしょう。

⑦　学校公開デーや授業参観などに発表会を仕組む時は，複数の教室を使って，発表会をすることも考えられます。

⑧　発表を聞くときには，聞いている子どもたちに，観点を与えて聞くようにした方が，落ち着いて聞くことができるでしょう。下記を参考にしてみてください。

ア レ ン ジ

ワークシートは，2種類用意しました（次頁参照）。A3に拡大するとよいでしょう。スピーチ用ワークシートのますの数は，目安です。

☑ 評価のしかた

自分の考えがスピーチ原稿に活かされるとよいですね。下記のような聞き取りカードで，子どもたちの相互評価も行えます。

発表する人の名前				聞き取りカード	あったらいいな、こんなもの
発表した人へアドバイス	どうぐについて、分かりましたか。	すらすらと話していましたか。	聞いている人を見ていましたか。	名前	
	◎○△	◎○△	◎○△		

あったらいいな、こんなもの

開発者の名前：

道具の名前

ポイントを書こう。

ポイントを書こう。

ポイントを書こう。

ポイントを書こう。

絵

低学年

中学年

高学年

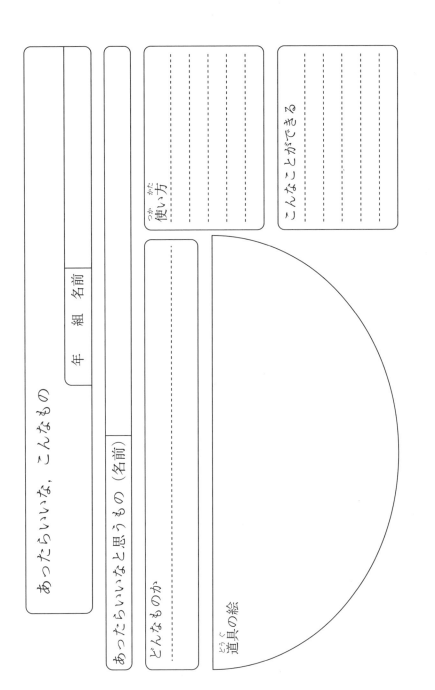

名前　[　　　]

あたらしいどうぐの
ぼく（わたし）があたらしいどうぐだ
と思うのは、

[　　　　　　　　　　] ← どんなものか、かんたんに
　　　　　　　　　　　　せつめいを書きましょう。

です。名前は、

[　　　　　　　　　　] ← そのどうぐの名前を、
　　　　　　　　　　　　すきに書きましょう。

です。

[　　　　　　　　　　] ← そのどうぐの名前を、
　　　　　　　　　　　　あと1回書きましょう。

は、

[　　　　　　　　　　] ← そのどうぐのかたちや
[　　　　　　　　　　]　　大きさ、どんなふうにつか
　　　　　　　　　　　　うのかなどを、二つに分け
　　　　　　　　　　　　て書きましょう。

[　　　　　　　　　　] ← そのどうぐの名前を、
　　　　　　　　　　　　あと1回書きましょう。

は、

[　　　　　　　　　　] ← そのどうぐをつかって、
[　　　　　　　　　　]　　・どんなことができるのか
[　　　　　　　　　　]　　・あそびのつかい方
　　　　　　　　　　　　・しごとのつかい方
　　　　　　　　　　　　などを書きましょう。
　　　　　　　　　　　　「こんなふうに」ということば
　　　　　　　　　　　　をつかってくわしくせつめいすると、
　　　　　　　　　　　　よみ手によくつたわります。

低学年　中学年　高学年

3 なりきりインタビュー
みんな芸能レポーター?!

話す・聞く　書く　読む　伝統的な言語文化

★ つけたい力 ★

話の中心に気を付けて聞き，質問をしたり感想を述べたりすることができる。

●時間…5分ごと　●準備するもの…特になし

こんな楽習！

朝の活動やちょっとクラスを明るい雰囲気にしたいときに取り組むと空気が一変します。一気に楽しくなる「楽習」ネタです。

進め方

（「4年　ごんぎつねの学習」の場合）
① 「兵十について考えましょう。さてごんの行動をどう思っているのかな。ちょっと，先生が芸能レポーターになるので，だれか兵十になって，答えられるかな。」
② 「兵十さん。おっかあにウナギを食べさせられなかった今のお気持ちは。」
③ 「一体，誰がやったんだ！一生懸命捕まえたのに……。（泣く）」
④ 「おっかあに一言，伝えたいことは……。」といったように進めます。

アレンジ

社会では，教科書に出てくる○○さんの話や歴史人物を。算数や理科で登場するキャラクターの会話を使って答えさせることも応用として使えます。

☑ 評価のしかた

始めは，少々のミスは許し，褒めて楽しんで取り組みたいものです。

4 Let's コミュニケーション！
対話名人になろう

話す・聞く　書く　読む　伝統的な言語文化

★ つけたい力 ★

相手を見たり，言葉の抑揚や強弱，間の取り方などに注意したりして話すことができる。

- 時間…5分ごと
- 準備するもの…対話のルール・ポイント，対話マップ，「対話名人」ふり返りカード，キッチンタイマー

こんな楽習！

以前，学年メンバーと取り組んだ「話す・聞く」の「楽習」ネタです。コミュニケーションの一番は，話すこと。そして，相手の話を聞くこと。ちょっとした工夫で楽しい学習に取り組むことができます。

進め方

① 導入で話をします。

> 「対話」というのは，簡単に言うと，二人組になって話を続けていくことです。学習時間では，5分間を考えています。話題は自由です。5分間の対話が終わった時に，「楽しかった！」とか「また話をしてみたい！」など，心がぽかぽかするような対話になれば嬉しいですね。
>
> 仲のいい友だちと対話するかもしれませんが，対話の相手は毎日違う子になるようにします。もしかすると，学校で初めて話をする人になるかも知れません。「嫌や！」ではなくて，これは「対話」という学習ですから，「どうすれば，お互いに楽しい対話になるのか」「対話で身につける力は，何なのか」といったことをみんなで考えていきましょう。そして，クラスのみんなが「対話名人」になってくれることを願っています。また，この

対話の中で，友だちの知らなかったことをたくさん見つけて，お互いをもっと知り合ってくれれば，もっと嬉しいです。
　いきなり「二人組になって，対話を始めなさい」といってもできないと思うので，今から「対話の進め方」を伝えます。意見や質問があれば，説明の後，手を挙げましょう。

② 対話の進め方を提示します。
〔対話のルール・対話のポイント〕

　「対話」というものは，分かりやすく言うと「言葉のキャッチボール」です。「対話」ですから，ボールではなく，言葉が自分に向かって飛んできます。まず「受けとめます」。これが一番大切です。ただ言葉を「受けとめる」のではなくて，「ぎゅうう」と受けとめます。適当にボールを取るのではなく，落とさないように，「ぎゅうう」が必要なんです。これが，対話がうまく進むかどうかの最大のポイントです。楽しい対話になるか，楽しくない対話になるかの分かれ道は，この「ぎゅうう」を覚えておきましょう。
　具体的に対話で「ぎゅうう」というのは，「うなずく」「はい，……です。」をすることです。他にも，「わたしも……です」，「うん，そうそう」，「おもしろいね，ぼくもいっしょだよ。」もあります。
　また，「へえ，そうなんだ」，「〜なんだね」と，他にも，初めて知った時や意見が違う時に，このように言うと，「ぎゅうう」としたことになります。
　言葉というボールを「ぎゅうう」と受けとめた後は，きちんと相手にボールを返してあげましょう。このように質問をしたり，その質問に対してくわしく説明したりすると，対話というキャッチボールが続きます。自分の体験したことや感想を入れてもいいですね。
　対話が一つの話題で続くと，だんだん進めにくくなってきます。キャッチボールも，場所を変えたり，距離を変えたり，ボールを変えたりと，何

> か変化させると，楽しくなりますよね。それと同じように，話題を時々変えると，「対話」がより楽しくなってきます。注意することは，話題を急に変えるのではなく，一つの話題をしっかり進めてから，話題を変えることが大切です。いきなり変化すると，相手が嫌な思いをしますからね。
>
> 　最後に，対話のルールを確認しておきます。ルールを守って対話すると，対話が楽しく進むし，より対話が上手になります。対話についての説明は以上です。何か意見や質問はありますか。

③　対話マップの使い方を説明し，記入させます。

〔対話マップ〕

> 　これは，「対話マップ」と言います。話題をたくさんもっておいた方が対話を進めやすいので，対話の手がかりとして使います。思いついたことは，いつでも書き足していいので，今から対話マップを完成させましょう。

④　対話マップを参考にして，対話を始めます。

> 　まずは，3人組を作ります。そのうちの2人が対話をします。残りの人は，ふり返りカードで，チェックをする人です。対話時間は，5分間です。

⑤　5分間対話した後，チェックの人から良かったところを教えてもらい，役割を交代します。それぞれが終了したら記録を書き，感想をクラスのみんなの前で話します。

アレンジ

朝の会などで取り組んでも楽しいでしょう。

☑ 評価のしかた

　実際に対話を聞いて確認をしますが，全員を聞き取ろうとはせずに，この日はこのグループといったように，絞って聞くとよいでしょう。質問の応酬になってしまうグループは，対話マップの内容が，簡単にまとめすぎている場合があります。

対話のルール

【話す】
① はっきりと、ゆっくりと話す
② 目を見て話す
③ 話題を勝手に変えない　断ってから変える
④ 人の悪口は言わない

【聞く】
① 姿勢を正して
② 目を見て聞く
③ 最後まで聞く

対話のポイント

☆「ぎゅっ」と受けとめる（笑顔で・ほほえんで）
・うなずく
・はい、……です（同じ時）
・わたしも……です。
・うん、そうそう。
・おもしろいね、わたしもいっしょだよ。

☆ え、そうなんだ（初めて知った時）
・あっ、そうか。
・初めて聞いたよ。
・その話、おもしろそうだね、くわしく聞かせてよ。

☆ なるほどね。でも、わたしは……です。（違う時）

☆ 質問・説明しよう
（自分の体験したことや思ったことを入れて言おう）

☆ それは、どういうことなの。

☆ どうして……したの。

☆ もう少し、それをくわしく教えて。

☆ それはね、……ということだよ。

☆ それは、例えば……ということだね。

☆ 話を進めよう
（「対話マップ」をみて、他に聞いてみたいことを言おう）

☆ ところで、それは……どうなの？

☆ 少し話題を変えようか。ぼくは……だけど、……は何ですか。

対話マップ

名前（　　　　　　　）

好きな食べ物・飲み物	好きな漫画・アニメ	好きな遊び・スポーツ
好きな・苦手な学習 （どうして好きなのか，きらいなのかの理由も）	休みの日にしていること	習いごと
なやみごと （からだ・家族・友だち）	最近，はまっていること （ペット・しゅみ・遊び）	その他

低学年

中学年

高学年

「対話名人」ふり返りカード

月　日（　　）名前（　　　　　　　　）

1. 対話をチェックしてもらおう → チェックした人（　　　　　）
   ◎よくできている　　○できている　　△もう少し

	内　容	評価
1	はっきりとゆっくりと，話すことができた。	
2	相手の目を見ながら，話したり聞いたりすることができた。	
3	やさしい表情や笑顔で，話したり聞いたりすることができた。	
4	うなずきながら，話を聞くことができた。	
5	相手の話をしっかりと受けとめることができた。	
6	質問をしたり説明をしたりするなど，対話がはずむようにがんばっていた。	

2. 今日の対話の反省と感想を記録しましょう。

低学年

中学年

高学年

5

話す・聞く　　書く　　読む　　伝統的な言語文化

一つのテーマをリレーのように……
リレートーク

★ つけたい力 ★

相手や目的に応じ，調べたことなどについて，話の中心に気を付けて聞く能力，進行に沿って話し合う能力を身に付けることができる。

●時間…5分ごと　　●準備するもの…特になし

 こんな楽習！

　テーマを一つ決め，順に一言，話をしていくだけです。おしゃべりが好きな子どもは難しく，おしゃべりが苦手な子どもには，やさしくなる取り組みです。

 進め方

　テーマを遠足として，進めます。
① 「今から，リレートークをします。テーマは，先日出かけた遠足です。」
② 「グループの中で，話す順番を決めましょう。決まったら，順番に遠足について話をします。ただし一文だけです。話し終われば，次の人につなげます。そのまま話題をつなげてもいいし，話題を変えてもかまいません。話題を変える時は，『話題を変えるけど，』と言ってから話をします。」
③ 「時間は，5分間です。終わってから，代表の人に，どのような話題が出たのかをみんなに教えてもらいます。では，始めましょう。」

アレンジ

　物語教材の学習で，登場人物について，「もしわたしだったら」などのテーマで取り組ませてもいいでしょう。社会見学などをテーマに行うと，楽しかったことから，次第に学んだことが出てきて，振り返りにもなります。また，学級の課題について取り組むと，道徳の学習にもなります。発言しにくい子どもたちは，一文だけでよいという条件が楽になるようです。しかし，

あまり長い時間をかけすぎると，苦手な子どもがしんどくなる取り組みになってしまうので，注意が必要です。

　話し合う話題のきっかけとして取り組むこともいいでしょう。授業の中で，「隣の人と話しましょう。」をこのリレートークで行うのです。慣れてくると，「○○について，リレートークしましょう。」というだけで，進めることができます。その後の授業展開も，スムーズになります。

〈主に取り組んだことのあるテーマ〉
　・遠足で楽しかったこと
　・遠足でのエピソード
　・「お手紙」を読んで，いいなと思ったところ
　・アーノルド・ローベルの作品で，紹介したいお話
　・「モチモチの木」の豆太について思うこと
　・「ごんぎつね」の中で，好きな台詞について
　・「大造じいさんとガン」の中で，大造じいさんが考えた作戦について
　・宮澤賢治の作品で，好きな作品について
　・漫画を学校に持ってくるのはいいか，悪いかについて
　・普段食べているものについて（食育での取り組み）
　・社会見学で感じたこと
　・社会見学で驚いたこと
　・縄文時代と弥生時代のどちらで暮らしたいか
　・もし織田信長だったら，どのような施策を採るか
　　（武将や歴史的事件の当事者などを置き換えて想像をすることもあり）
　・討論などの学習で，自分の意見をもつために取り組む

✓ **評価のしかた**
　どのような話題が出たのかをクラス全体の場へ出し合ったり，振り返りの作文を書かせたりするといいでしょう。

6

話す・聞く ／ **書く** ／ 読む ／ 伝統的な言語文化

書くことの苦手な子どもに！
おおきいみかん

★ つけたい力 ★

経験や想像したことについて，順序を整理し，簡単な構成を考えて文章を書く能力を身に付けさせるとともに，進んで書こうとする態度を育てる。

●時間…5分　　●準備するもの…特になし

こんな楽習！

「書くことが無い。」と鉛筆を置いてしまう子ども。これを使って1行ずつ書くと，作文用紙の半分が埋まってしまいます。書くことが思いつかない子どもを笑顔にすることができる「楽習」ネタです。

進め方

① 長い文を書く前，黒板に，大きなみかんの絵を描きます。
② 平仮名で縦に，「お・お・き・い・み・かん」と書きます。
③ 下記のように，1項目ずつ伝え板書します。
④ 「かん」まで板書したら，「これらのことを1つずつ文にしてみましょう。」
⑤ 「その文を並べ替えましょう。」と話します。
⑥ 作文は，いきなり原稿用紙に書かせず，下書きメモを用意するとよいでしょう。そして，文を書いた後に，順番を決めるように指示し，順番を決め，原稿用紙に清書をさせます。

アレンジ

必ずしも全項目を使うとは限りません。課題によって使い分けましょう。

お……	思った，起こった・怒ったこと
お……	音（会話文，擬音語，鳴き・泣き声）
き……	聞いた，来たこと
い……	言った，行ったこと
み……	見た，見えたこと
かん…	感じた（喜怒哀楽），考えたこと

☑ 評価のしかた

「おおきいみかん」の項目をたくさん含んでいる作文を褒めましょう。

7 再生作文

あのお話，何だっけ……

話す・聞く　書く　読む　伝統的な言語文化

★ つけたい力 ★

経験したことや知っていることなどについて，順序を整理し，簡単な構成を考えて文や文章を書く能力を育てる。

●時間…15〜20分　　●準備するもの…原稿用紙やノート

こんな楽習！

知っていることを思い起こして書いてみると……。あら不思議，みんなそれぞれ微妙に違います。だからこそ，書いたり話したりすることは，自分の考えを広げる可能性があるので大切なのです。

進め方

① 「桃太郎のお話を思い出して書いてみましょう。」と話します。
② 原稿用紙を配布し，書くように指示します。
③ 時間を設定して，書き上げます。書けた子どもから，交換して読み合ってもよいでしょう。
④ 全体で，書いたものを発表させます。お供になった動物たちの出てきた順やお話の違いなどを板書します。
⑤ 「みんながよく知っているお話でも，少しずつ違うところがあったね。自分の考えていること，知っていることをみんなで出し合う中で，よりくわしく分かったり，新たなことが見つかったりするね。」と話します。

アレンジ
童話に限らず，あるお話を聞いた直後に書いてもいいでしょう。

☑ 評価のしかた
このネタは，段落などの細かいことは気にすることはありません。同じテーマで書いても，一人ひとりが微妙に違うことが体感できればOKです。

| 話す・聞く | 書く | 読む | 伝統的な言語文化 |

あの子のことをもっと知ろう
この子は，だあれ

★ つけたい力 ★

鉛筆を持つ抵抗感を減らし，文を書く力を養い，語と語や文と文との続き方に注意しながら，つながりのある文や文章を書くことができる。

●時間…45分 ●準備するもの…ノート，作文用紙

こんな楽習！

友だちの紹介をする「楽習」作文ゲームです。まず歌から聴かせましょう。友だちのことを知ることで，学級づくりにもつながる「楽習」ネタです。

進め方

① 「昔（1941年発表），人気があった歌があります。」と言って，「あの子はたあれ」を聴かせます。
② 「あの子はたあれ」の歌詞を変えて，友だちの紹介文を書きます。
③ まず「かわいい みよちゃん」のところを誰にするのかを考えましょう。
④ 「決まったかな。決めた人のことで知っていることを集めましょう。もし分からなかったらお友だちや本人に聞いてもいいよ。」

「あの子はたあれ」
　作詞　細川雄太郎　作曲　海沼実
　1．あのこはたあれ　たれでしょね
　　　なんなんなつめの　はなのした
　　　おにんぎょうさんと　あそんでる
　　　かわいいみよちゃんじゃ　ないでしょか　※実際には，4番まであります。

☑ 評価のしかた

少々文字数が違い，リズムに合わなくても，楽しく取り組みましょう。

| 話す・聞く | **書 く** | 読 む | 伝統的な言語文化 |

一文ずつ書くだけであっという間に……

ふしぎなふくろ

★ つけたい力 ★

経験したことや知っていることなどについて，順序を整理し，簡単な構成を考えて文や文章を書く能力を育てる。

●時間…15〜20分
●準備するもの…大きな袋から小さい袋，中に入れておく小物

こんな楽習！

普段の感想文や意見文に自信をもてるようにする「楽習」ネタです。

進め方

① 「今から，先生がある物を持ってきます。そのことを一文だけ書きましょう。」と話し，マトリョーシカのように，大きい袋から小さい袋へと，重ねておきます。
② 「『先生が，袋を持ってきました。』でもいいです。それ以外の文で書けるかな。」と話し，数名に発言を促し，認めていきます。
③ 2つ目の袋を見せ，「今，袋を見て感じた心の中を書いてみましょう。」「『袋を開けました。』の次に，感情の入った文を書くよ。」と話します。
④ ②，③を進めていき，最後の袋の中に入ったものを見せ，「中身を知ったときに，今，思ったことを書きましょう。」と促します。
⑤ 同じ出来事を見ているのに，微妙に表現が違うことを大いに認め，何かを綴るときには，何を書いてもよいということを体感させます。

アレンジ
大きな箱から，最後は，小さなチョコレートの箱という形でも OK です。

☑ 評価のしかた
友だちと違う表現であったことを最大限に認めてあげましょう。

10

話す・聞く　**書く**　読む　伝統的な言語文化

（お話作り鉄板授業！）
がまくん，かえるくんを紹介しよう

★ つけたい力 ★

語と語や文と文との続き方に注意しながら，つながりのある文や文章を書くこと。

● 時間…45分

● 準備するもの…「ふたりはいっしょ」「ふたりはともだち」「ふたりはいつも」
　　　　　　　　「ふたりはきょうも」（文化出版局）の挿絵，ノートや作文用紙

 こんな楽習！

　今では，当たり前になった並行読書。がまくんとかえるくんの世界にどっぷりとつかったまま，次の単元学習を考えたのが，この「楽習」ネタです。

 進め方

① 「『おてがみ』に出てきたがまくんとかえるくんの絵がたくさんあります。この中から3枚選んでお話を作ります。」

② 「絵の順番を決めます。順番が決まったら，ノート（作文用紙）に，貼りましょう。」と指示します。ノートや作文用紙に貼るときには，1ページに1枚の挿絵を貼るようにするとよいでしょう。

③ 「絵を見て，想像して書き進めましょう。」子どもたちは，思い思いに書き進めます。

アレンジ

　1人で書くことが難しいのであれば，2人で取り組んだり，リレー作文（67ページ参照）で取り組むとよいでしょう。

☑ 評価のしかた

　お話になっていればいいでしょう。「始め」「中」「終わり」を意識して書くことができるように，取り組み前に指導してもよいでしょう。

11 子どもたち大好き 宝物探し作文

話す・聞く / **書く** / 読む / 伝統的な言語文化

★ つけたい力 ★

書こうとすることの中心を明確にし，目的や必要に応じて理由や事例を挙げて書くことができる。

●時間…45分　●準備するもの…ノート，作文用紙

こんな楽習！

　簡単な宝地図を用意し，それを使ってお話を作ります。光村図書3年「たから島のぼうけん」の取り組みです。「地図を見せて，書きましょう。」では，良い作品は生まれません。一度にたくさん書かせるのではなく，少しをたくさん書かせていくことがよし。大変だと思うことも，少しずつ取り組んで楽しんでいく「楽習」ネタです。

進め方

① 〔取材〕地図を確認した後，時，場所，登場人物，出来事について，ノートに書き出します。（ウェビングシート）
　　時……いつの話か　　場所……話の中心となる場所
　　登場人物……3・4名，性別や性格も考えさせます。
　　出来事（事件）……起承転結の「転」
② 地図を見て，どのルートを通るのかを考えます。
③ 〔構成〕始め・中・終わり，「三年とうげ」で学習した起承転結を意識して，それぞれ，簡単なあらすじを書き出します。（構成メモ，あらすじをまとめよう）
④ 〔記述〕書き進めます。
⑤ 〔推敲〕友だちに読んでもらい，校正・推敲をします。（推敲して，よりよい文章にしよう）

⑥　クラス内で作品交流会をします。

アレンジ

　国語の書く活動は，①取材・課題設定，②構成，③記述，④推敲，⑤交流の５つの活動がスパイラルに流れます。これらを意識するだけで，その日の学習がはっきりします。よって，他の取り組みにも応用できます。

☑ 評価のしかた

　推敲レベルは，クラスの実態に合わせて取り組みましょう。

ウェビングシート

名前（　　　　　　　　）

想像したことをどんどんつないで，連想していこう。

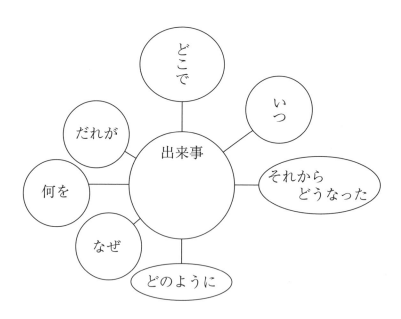

「たから島のぼうけん」構成メモ

名前 _____

◎ いつのお話ですか。

_____

◎ どこのお話ですか。

_____

◎ 誰が出てきますか。（登場人物）

_____

◎ 何が起こりますか。（出来事・事件）

_____

◎ どうして（出来事・事件が）おこったのですか。

_____

◎ （出来事・事件は）どのように変わりましたか。

_____

◎ 最後は、どのようになりましたか。

_____

あらすじをまとめよう

名前 ☐

※二文から三文ぐらいにまとめましょう。

起き	始まり	
承しょう	出来事・事件が起こる	
転てん	出来事・事件に変化がある／新たな人があらわれる	
結けつ	解決する	

低学年 / 中学年 / 高学年

推敲してよりよい文章にしよう

名前 _____

校正レベル（これだけは絶対）

① 句読点「、」「。」が付いて、読みやすい文章になっているか。
② 習った漢字は書いているか。
③ 「 」の使い方はあっているか。

推敲レベル（がんばろう）

④ 文末の表し方は、そろっているか。
　・である調　　→　〜だ。〜だった。〜である。
　・です・ます調　→　〜です。〜でした。〜します。〜でした。
⑤ 「 」会話文だけでつづられているか、誰の言葉か説明があるか。
⑥ 「おおきいみかん」は、入っているか。
　　お……思った、起こった、怒ったこと
　　お……音（会話文、擬音語、鳴き・泣き声）
　　き……聞いた、来たこと
　　い……言った、行ったこと
　　み……見た、見えたこと
　　かん……感じた（喜怒哀楽）、考えたこと
⑦ 文章の書き出しは、工夫しているか。
　・会話や音から始まる。
　・主人公の自己紹介から始まる。
　・夢の世界から始まる。
　・これから起こる事件の前日から始まる。
⑧ 題名は文章にあっていて、読みたくなるような題名がついているか。

12 あいうえお作文

学級開きにも使える！

話す・聞く　**書　く**　読　む　伝統的な言語文化

★ つけたい力 ★

語と語や文と文との続き方に注意しながら，つながりのある文や文章を書くことができる。

●時間…15～20分　　●準備するもの…ノート，ワークシート

こんな楽習！

名前の文字から始まる作文。自己紹介をちょっぴり知的にします。もちろん，自己紹介ではない形でも応用できる「楽習」ネタです。

進め方

① 自分の名前の頭文字を使って提示すると，子どもたちが乗ってきます。「今からある人のことを話します。さて，誰でしょう。」と伝えます。

② 「背が高く，きれい好き，妥協しない性格で，君たちのクラスを，良くするための完璧な頭脳をもっている」さて誰でしょう。

③ 子どもたちの反応を見極めながら種明かし。
　　ずかよきだきせ　と板書して，先ほどの文を再読します。

④ 「名前の頭文字を使った作文を『あいうえお作文』と言います。作文ですので，右から左に文を書きます。だから，名前の頭文字は，右から左へ書きます。」と指示します。

アレンジ

国語では，登場人物の紹介を，6年社会では，歴史上の人物や出来事をあいうえお作文で，まとめてもおもしろいかも知れません。名字だけ，名前だけならばすぐにできるかも知れませんね。

✓ 評価のしかた

大きく外れなければかまいません。楽しく紹介ができればいいでしょう。

「あいうえお」作文

低学年

中学年

高学年

13 国語辞典作文

国語辞典の良さを味わう

| 話す・聞く | **書く** | 読む | 伝統的な言語文化 |

★ つけたい力 ★

国語辞典に関心をもち，国語辞典の良さを体感することで，使っていこうとする意欲を高める。

- 時間…15～20分
- 準備するもの…国語辞典，ノート

こんな楽習！

学習活動では，国語辞典を使わせたいものです。でも，子どもたちは，便利だと感じないと，使おうとはしません。そこで，言葉の意味を知ることだけでなく，国語辞典の素晴らしさを体感させる「楽習」ネタです。参観日で行うと，辞書を購入してもらうきっかけにもなることでしょう。

進め方

① 「今日は皆さんに国語辞典を作ってもらいます。
　『川』とはどんな意味ですか。国語辞典を書く人になったつもりで『川』の意味を下半分のスペースに書きましょう。
　書く時間は，3分です。」

② 時間が来たら発表させます。
　Aくん：住宅の中に流れる，長くて，魚が住んでいるところ。
　Bさん：山側へ行くほど，水がきれい。　　　など。

③ 「では，国語辞典で『川』を引いてみましょう。」
　こう指示して自分の意味と国語辞典の意味を比較します。

④ 数人に国語辞典の意味を発表させます。全員が同じ辞書を持っている場合でも，何回か行うことで，空白の時間を無くし，視覚と聴覚の刺激により覚えやすくなります。

⑤ 「国語辞典に載っている意味を自分が書いた意味の横に書きましょう。」
⑥ 使い慣れてきたら，「調べたい言葉を見つけ，3回音読したのち，ノートに視写する」という活動を定番化すると力がついていくでしょう。
⑦ 同様に，子どもたちに身近な言葉を考えさせ，国語辞典を引かせることをします。「学校」「商店街」「家」などの建物。「野菜」「果物」などの食べ物。なお，数は時間と相談になりますが，1，2個がちょうどよいでしょう。
⑧ 最後に「赤」「青」などの色。「左」「右」などの空間概念などについて意味を考えさせます。これは，なかなか難しいので，より国語辞典のすばらしさを体感することができます。

アレンジ

有名な，国語辞典に付せんを使う実践です。調べた言葉のページに付せんを貼り付けるだけ。これだけで，子どもの言葉を調べる意欲が高まり，活用頻度が高まります。

例えば「鉛筆」を調べると「えんばんなげ」「えんぴつ」「えんぴふく」と並んでいます（『新版 小学国語辞典』教育同人社）。「鉛筆」という言葉の左右に書かれている言葉と意味を音読させます。そうすることで，言葉を増やすことができます。

また，「たつ」という言葉を調べたときには，「立つ」，「建つ」，「絶つ」，「経つ」，「裁つ」，「起つ」，「断つ」，「発つ」などの同音異義語に着目すると，使い方についての学習にもなり，お得感満載です。

☑ 評価のしかた

できたかどうかを求めないことです。言葉を探し出せない子どもについては，子ども同士で教え合いをしてもいいでしょう。

14 これで書ける！ 読書感想文の書き方

話す・聞く ／ **書く** ／ 読む ／ 伝統的な言語文化

★ つけたい力 ★

場面の移り変わりに着目して読み，進んで感想を書くことができる。

●時間…15～20分ごと　　●準備するもの…ノート

こんな楽習！

「読書感想文は，こう書きなさい。」というような決まった形はありません。学年で初めて書くときや苦手な子どもへ，ヒントとなる虎の巻のようなものを紹介します。地域によっては，子どもたちへ夏休みの宿題として取り組むところもあります。その際，家庭へ丸投げとせずに，学年・学級通信でまとめて配布すると，保護者から喜ばれます。まさに保存版の通信となります。

進め方

① いきなり，原稿用紙に書かないようにしましょう。下記の手順に書いていることを参考にして，ノートに書きたいことをどんどん書きましょう。それが，完成の近道です。そして，ノートに書いたことをもとにして，読書感想文を仕上げていきます。読書感想文などを仕上げていく時の流れは，次のようになります。

　「取材メモ」……簡単な感想メモや付せんからメモにしたもの
　　↓
　「構成」…………どこから書くか，何から書くかを考える
　　↓
　「記述」…………実際に書く
　　↓
　「校正」…………誰かに読んでもらって，漢字の間違い，言葉の使い方を直します

低学年 ／ 中学年 ／ 高学年

↓
　「交流」………誰かに読んでもらって，感想を聞きましょう
② 次に，ノートに書いたことをもとにして，読書感想文を仕上げていきましょう。下記に手順と例を紹介します。

１．はじめに
◎本をえらんだ理由を書く。

> 　ぼくは，しょうらい，けいさつかんになりたいです。この「けいさつのしごと」という本には，けいさつかんのことがたくさんのっていて，おもしろそうだなと思ったから，選びました。

> 　わたしの家では，犬をかっています。この間さんぽ中に，わたしの犬がけがをしてしまいました。とってもかわいそうだなと思っていたとき，家にあった，「もうどう犬サーブ」の本を見つけました。

２．各段落ごとに，内容を簡単にまとめる。

> 　この本は，レオ＝レオニさんが書いた魚のきょうだいたちのお話です。

> 　主人公のスイミーが，魚のきょうだいたちとなかよくくらすお話です。

◎一番印象に残った場面を中心に書く。

> ぼくが，一番心に残ったところは，スイミーが，いっぱい考えて，アイデアを思いついたところです。

◎登場人物について思ったこと。（人柄・性格・行動・考え方）

> わたしは，スイミーの気持ちがよく分かります。きっと，どうやったら，食べられないかを考えていたのだと思います。

> スイミーは，いっぱいいっぱい考えたんだね。わたしは，とってもすごいと思います。たくさん集まって，大きな魚になるなんて，いいアイデアですね。

◎もし，登場人物の○○だったら……。

> ぼくが，ネズミだったら，ぼくが一番に食べるよ。でも少しだけ，みんなに分けてあげるかな。

> ねえ，あのときスイミーは，どれだけ長い間，考えたの。十分ぐらいかな。私だったら，一時間考えたら，頭がこんがらがるよ。

◎筆者（作者・本を書いた人）のいいたいこと。（中・高学年以上）

> このお話を書いたあまんきみこさんは，戦争なんて，もう絶対におこしちゃいけないと考えて書いたんだと思います。

> 　にげまどう人々の様子から，あまんきみこさんは，ちいちゃんの寂しさを表したんだと思います。

3，始めに自分の思っていたこと，考えていたことと比べて書く。

> 　読んだはじめは，スイミーが海の中でくらす楽しいお話かなと，思いましたが，読み進めていくと，楽しいだけのお話ではなかったです。

> 　おうちの人から，戦争のことを聞いていて，戦争は，いやだと思っていました。この本を読んで，ますます，戦争を起こしてはいけないと思うようになりました。

4，題名についての感想（※なくてもよい）

> 　どうしてこの題名になったかが分かりました。わたしは，友情を大切にしようという意味が入っていると思います。

5，まとめ
本を読んで分かったことを書く。

> 　この本に出てくる秀和くんが大すきになりました。秀和くんみたいに，みんなを大切にできる人になりたいです。

低学年

中学年

高学年

> 　この本に出てきた聖奈ちゃんのように，一生懸命にがんばる人になりたいです。

6．チャレンジしてみよう。
　この本を読んでから，どのように生きていたいか，生きていくべきなのか。

> 　戦争は，絶対にしてはいけません。でも，わたしが今すぐにできることは，うまく思いつきません。戦争は，国と国とのけんかです。だから，友だちとけんかをせず，仲良くしていきたいです。

【ちょっと，よくするコツ】
◎書き出しをくふうする。
☆「音」から，書きはじめる。

> 　ブーン，ブーン。
> 　いっぱい，はちがとんでいました。たくさんのはちみつのつぼがおいているからでした。わたしは，そんなにたくさんのはちみつをどうするのかなと思いました。

☆「もしも…」から，書きはじめる。

> 　もしも，あのときにゆるしてもらっていたら，あのサーカスだんとは，出会っていなかったと思いました。ゆるしてもらえなかったのは，かわいそうだったけど，よかったのかもしれません。

☆「きっと…」から書きはじめる。

> 　きっと心が通じ合うはずって，しんじていたから，王子さまのすがたにもどることができたんだなと思いました。

◎登場人物へ，お手紙を出すように書く。

> 　スイミー，元気にしていますか。みんなと楽しくおよいでいますか。私も，くらげやサンゴが，見たいなあ。スイミーのきょうだいたちと，なかよくしていますか。

> 　おじいさんがかぶをひっぱったとき，抜けなかったんだね。おばあさんには，どんな言い方で，よんできたの。やさしいおばあさんだね。

ほかにも……
◎こんなところを読んで笑ったよ。
◎こんなところを読んで涙が出たよ。
◎こんなところでどきどきしたよ。
◎ここはどうしてかなあ？（ぼくはこう考えたよ。）
◎こんなことがもっと知りたいな。
◎登場人物になったつもりで日記を書いたよ。
◎わたしならこうすると思うな。こうしたいな。
◎そういえば，わたしにもにた体験があるよ。
といった書き方があります。

☑ 評価のしかた

　低学年ならば，原稿用紙２枚程度。中・高学年ならば，３枚程度を書き上げる力が大切だと考えています。

15 ( )ってどんな人かって

最後の授業参観で使えるかな

話す・聞く｜**書く**｜読む｜伝統的な言語文化

★ つけたい力 ★

自分のことを客観視しながら，一年間の学級での生活を振り返り，短作文にまとめることができる。

●時間…20～30分　●準備するもの…原稿用紙やノート，ワークシート

 こんな楽習！

アウトラインを与えながら，1行ずつおもしろおかしく書かせていく「楽習」ネタです。

 進め方

① 下記のアウトラインを1行ずつ視写させます。もしくは，このアウトラインを全文含めたワークシート作成してもよいでしょう。
② 始めは，みんなで学習。まずは，指導者を例にして取り組みます。

【アウトライン】
　　（　　関田先生　　）ってどんな人かって。
　　とってもいい人ですよ。
　　だって（　　卓球が上手　　）だもん。
　　それに（　　おもしろいん　　）だもん。
　　やっぱりいい人ですよ。
　　そういえば，（　運動会で変身した　）ってこともあったよね。
　　やっぱりいい人だよ。
　　（　給食でかすじるが出ると，アレルギーだから食べられない　）
　　ところが，ちょっと，いまいちなんだけどね。
　　でも，やっぱりいい人なんだよ。

③ ②と同じようにして，今度は自分のことを書いていきます。

アレンジ
ノートに1行ずつ書いていく進め方もOKです。

☑ **評価のしかた**
具体的なことを書いている子どもを褒めましょう。

（　　　　　）のことをしょうかいします

名前　[　　　　　　　　　　　　]

（　　　　　）のことをしょうかいします。

すてきなところです。

まず（　　　　　　　　　　）です。

それに（　　　　　　　　　　）です。

すごいでしょう。

わたしは、

（　　　　　　　　　　　　　）ことがあるのですね。

すごいでしょう。

（　　　　　　　　　　　　　　　　　）

どうですか、みなさんも行きたくなりましたか。

ぜひ、行ってみてください。

16 よそう作文

話す・聞く　書く　読む　伝統的な言語文化

えっ，わたしってこんなに書けるんだ

★ つけたい力 ★

一つの事柄をくわしく書くことができる。

●時間…15～40分　　●準備するもの…ノートや作文用紙

こんな楽習！

自分の意見や学習の振り返りを書く学習は，学力形成に不可欠です。子どもの書く抵抗を無くすための作文ネタの楽習です。

進め方

(例：運動会作文)

① 作文用紙を配り，「運動会の練習の様子を作文にしよう。」と投げかけることが多いかもしれませんが，ワーキングメモリーに課題のある子どもにとって，それだけでは難しいことがあります。だから，いきなり作文用紙には書かせません。

そこで，作文作成メモを作ります。項目ごとに，メモをします。時間がなければ，ノートに箇条書きするだけで十分です。

② メモを項目ごとに作ります。メモの数だけ，書く内容が増えます。そして，このメモの項目ごとに段落を起こします。メモが，作文を書くためのワークシートとなるのです。項目については，

　・演技が決まった時に感じたこと　　・楽しかったこと

　・苦労したこと，苦しかったこと　　・悔しかったこと

　・悲しかったこと　　　　　　　　　・特に頑張ってきたこと

苦労したこと	名前
・初めての練習で失敗した。 ・友だちと毎日休み時間に練習をした。	○○○○

- ・みんなに伝えたいこと　　　　　・保護者に見て欲しいところ

などはどうでしょうか。全ての項目を網羅する必要はありません。

③　まずは，運動会前に書きます。ある程度，練習の振り返りができるような時期がいいでしょう。運動会の練習の思い出やワンシーンを書くのです。ポイントは，出場する種目から一つだけ選ぶことです。あえて一つにすることによって，より詳しく書くようになります。

④　こうしてメモを使って書かれた作文の続きに，「こうなってほしい！こうなっているはずだ！」というよそう作文を書きます。

⑤　④の続きに運動会当日について書きます。これも前半，中盤，後半と分けて，メモを作るといいでしょう。走競技ならば，走る前（前半），走っている間（中盤），走り終わった後（後半）などに分けて書くとよいでしょう。

⑥　練習シーンや当日の様子など，写真を印刷して，黒板に提示しておくと，さらに書きやすくなります。子どもたちが想起しやすくなるからです。

「えっ，ぼくが上に乗るの。」

組体操の練習で，同じぐらいの背の高さの友だちと組むことになりました。二人技です。その友だちと組んだけど，体重がぼくの方が軽いということで，肩の上に乗ることになりました。初めての練習の時，うまくいきませんでした。それは，こわいなって気持ちがあったからです。だから……（中略）

運動会では，練習の成果を出すことができて，きっと完成すると思います。友だちの肩に乗る時には，声をかけて，そうっと力を入れていきます。そうすると，うまくできたからです。そしてたくさんの拍手をしてもらいたいです。

当日になりました。

先生の合図で，入場の準備をしました……（後略）

✓ 評価のしかた

予想して書いているところがあまりにも飛躍しすぎると，おもしろさが欠けることがあるので，注意です。また，コンクールに出品する場合は，作文の表記などを校正する必要があるかもしれません。

17 100字を超えたらOK作文

話す・聞く／**書く**／読む／伝統的な言語文化

難しいこと一切無し！

★ つけたい力 ★

鉛筆を持つ抵抗感を減らし，文を書く力を養い，語と語や文と文との続き方に注意しながら，つながりのある文や文章を書くことができる。

- 時間…45分
- 準備するもの…ノート，イラスト入りの作文用紙（100字目が分かるようにしておく）

こんな楽習！

話が変わるところで改行をすることや，会話文についての書き方を細かくいうことは，一切無し！ただ100文字目指して書くという，量を書くための「楽習」ネタです。

進め方

① 作文用紙（100字目が分かるようにしておく）に，イラスト（カット集などを参考に）を貼り，名前欄は，欄外に作ります。
② 絵を提示し，気づいたことを発表させます。それらを簡単に板書します。こうすることで，書くことに苦手意識のある子どもたちも取り組みやすくなります。板書したことがヒントになるからです。
③ 「100字を超えられるかな。黒板を参考にしてもいいです。どうぞ。」
④ 読ませて発表させていきます。

【うまく進めるコツ】

一文をノートに書いたところで，先生のところに持ってこさせます。手本になりそうな文は，その子どもに板書をさせ，苦手な子どもへの手本とします。

☑ 評価のしかた

平仮名ばっかり……ということになったら，漢字一文字10点などと決めて取り組ませます。「100字を超えて，何点の作文です。」と評価していきます。

18 友だちなりきり自慢作文

話す・聞く / **書く** / 読む / 伝統的な言語文化

他己紹介とも言いますね

★ つけたい力 ★

関心のあることなどから書くことを決め，相手や目的に応じて，書く上で必要な事柄を調べること。

● 時間…45分　　● 準備するもの…ノート，作文用紙

 こんな楽習！

　野口芳宏先生のご実践です。他己紹介作文と呼ばれることもあります。これは，書く活動の取材活動が大きく左右する「楽習」ネタです。

 進め方

① 　友だちの自慢作文を作成して，例示します。「ぼくは，山田次郎と言います。プロ野球の選手で，ピッチャーをしています。もちろん甲子園にも出ましたよ。(以下，略)」
② 　「これは，先生が書いた作文です。でも先生の自慢ではありません。先生のお友だち，山田くんになりきって，作文にまとめたものです。このような作文を『友だちなりきり自慢作文』といいます。今日は，お隣さんの自慢作文を書きます。ノートを開きましょう。」
③ 　「隣の席の友だちを取材しましょう。どんどん質問するんですよ。そして忘れないように，ノートにメモを取りましょう。まずは，5分間どうぞ。」(お互い5分間行う。)
④ 　「まだ聞きたいことがあるでしょう。あと3分間行います。どうぞ。」
⑤ 　作文用紙を配布して書かせます。そしてクラスのみんなで交流します。

☑ 評価のしかた

　他の友だちが聞いて，その子の人となりが分かればよいでしょう。

19 ファンタジー作文

たまには、嘘をついても……

話す・聞く　**書く**　読む　伝統的な言語文化

★ つけたい力 ★

書いたものを発表し合い、書き手の考えの明確さなどについて意見を述べ合うことができる。

●時間…45分　　●準備するもの…ノート、作文用紙

こんな楽習！

「嘘はいけない」ということ。これは、間違いではないんですが、時には、こうなればいいなあという願いを込めながら、みんなで笑えるファンタジー作文なんていうのはどうでしょうか。ちょっと変わった作文ネタなので、取り組みやすい子どもが増える「楽習」ネタです。

進め方

① 例文を読みます。
　「ぼくは、国内のスーパースター関田聖和だ。なんと4年生なのだが、阪神タイガーマスクズのエースで4番。二刀流選手だ。いやいや二刀流なんて、甘いよ。タッセル神戸の10番、エースストライカーなのだ。えっ、試合が重なることがあるだろうって。それは、サッカー界とプロ野球界が、調整してくれて、お昼と夜とに試合を分けているから、両方出られるのさ。今日は、3時間目の体育、キックベースボールをするらしい。楽しみだ。」
とにこやかに音読します。子どもたちは、大笑いです。
② 「ファンタジー作文のテーマは、もしわたし（ぼく）が、スーパースターになったらです。何かのスーパースターになったという気持ちで作文を書きます。」
③ 書き終わったら、学習班で交流します。本日のMVPを決めてもおもしろいでしょう。

アレンジ

たくさんのネタが考えられます。以下，行ったもので特に大うけしたものです。

- 透明人間になっちゃった
- 魔法の消しゴムを手に入れたら…
- 不思議な種
- 有名人がやってきた
- 夢の学校
- 魔法使いになったら
- 大統領への手紙
- 有名な○小学校○年○組
- もしも明日が見れたら
- もしも空が飛べるなら
- もしも妖怪が見えたら
- 3つだけ願いをかなえてくれるなら
- 鏡の世界
- わたしは，ざぶとん
- 宇宙人の正体を見た
- 子どもだけの世界
- もしも先生になったら
- 突然，小さくなっちゃった
- ドラゴンボールを手に入れた
- あなたは，○○ランドの支配人
- 魔法のじゅうたんにのって
- ドラえもんと友だちになったら
- 男と女が入れ替わったら
- 空飛ぶ車を運転できたら
- えっ，体がのびるゴム人間になったら
- 眠気や疲れが出ないスーパーボディを手に入れたら
- もしも明日が地球最後の日だったら
- わたしは，ぞうきん（様々なものになりきらせる）
- わたしは，お金持ちのおぼっちゃま，おじょうさま

「おおきいみかん」（38ページ）の条件を1つ入れるとか，会話文を使うとかの条件を付加してもよいでしょう。

☑ 評価のしかた

人の悪口は，ダメ。また，誰かが悲しむ内容は，NGとしておく方がよいでしょう。おもしろおかしく書き進めることをメインにします。そうすることで，知らないうちにたくさんの文を書いていれば，めあて達成です。

2章　楽しみながら国語力がつく「楽習」授業＆ツール57

テーマ: もしも、スーパースターになったら……

名前:

例文

ぼくは、国内のスーパースター関田聖和だ。なんと四年生なのだが、阪神タイガースのエースで四番。三刀流選手だ。いやいや三刀流なんて、甘いよ。タッセル神戸の十番、エースストライカーなのだ。つ、試合が重なることがあるだろうって。それは、サッカー界とプロ野球界が調整してくれて、お昼と夜とに試合を分けているから、両方出ていられるのさ。今日は、三時間目の体育、キックベースボールをするらしい。楽しみだ。

話す・聞く　**書く**　読む　伝統的な言語文化

一文書くだけで OK！
リレー作文

語と語や文と文との続き方に注意しながら，つながりのある文や文章を書くこと。

● 時間…15〜45分
● 準備するもの…ノートや作文を書くための素材，イラストや写真など

 こんな楽習！

あるお題について，一文だけ綴ります。そして続きは，友だちが……！最後の結末はどうなるか分からない，はらはらどきどきの「楽習」ネタです。

 進め方

① 書くテーマを決めます（カット集のイラストを使う例で説明します）。
② イラストを提示し，イラストを見て思ったことを発表します。それを教師が，板書します。書くことが苦手な子どもへのヒントです。
③ 4〜5人発表を終えたら，学習班で書く順番を決めます。
④ 一文（「。」で終わる）書いたら，次の人へバトンタッチします。時間は，10分間です。例えば，一人目が「男の子と女の子が遊んでいます。」と書いた後，次の子が，「砂場にいるのは，二人だけです。」と続けていきます。
⑤ 書き上がったあとは，全体で交流します。

アレンジ

光村図書に掲載されている「物語を作ろう」でも応用できます。

☑ **評価のしかた**

一文で交代する取り組みですが，話の筋を通したいので，話として完結しているかどうかも大切です。文と文をつなぐ接続詞や慣用句などを使った表現が出てきた場合は，クラス全体に広めたいですね。

21 つなぎ（接続詞）作文

接続詞の「楽習」ならこれ！

話す・聞く　**書く**　読む　伝統的な言語文化

★ つけたい力 ★

語と語や文と文との続き方に注意しながら，つながりのある文や章を書くこと。

●時間…45分

●準備するもの…ワークシート，モデル学習用ワークシート

こんな楽習！

つなぎ言葉，つまり接続詞の指導です。接続詞を上手に使うことができると書く量が増えてきます。効果的に使うために取り組む「楽習」ネタです。

進め方

① 「今日はおもしろい作文を書きます。たくさん書けるといいですね。そのためには，つなぎ言葉，接続詞を使うといいんです。」と話し，ワークシートを配布する。

② モデル学習用ワークシート（次頁参照）で，いくつかの接続詞の使い方を説明します。

③ 実際に，ワークシートを使って書き進めます。

④ クラス内で交流します。

アレンジ

使う接続詞をさらに増やしたり，実施後，ヒントの無い作文用紙を渡して，自由に書かせたりしてもおもしろいでしょう。

☑ 評価のしかた

接続詞の使い方が大きく間違っていなければ，よしとします。

つなぎ言葉（接続詞）でおもしろ作文

お手本　　　　　　　　　　　　　　　　　　　　　　　↑名前
1　だい→ぼくはヒーロー
2　　　　　　　　　　　　　　　関田　聖和
3　ぼくはウルチョアイヘですか。
　　書き出しは、ぼく……わたし……が書きだしやすいかな。
4
　　つぎにしたいことをじゅんばんに書いていこう。
5　そしていもあるからじゆうをや
6　つけます。
7
　　それだけじゃ、おもしろくないから「しかし」をつかって
　　話をかえてみます。
8　しかし、ときどきやられそうになります。
9
10
　　そして「たとえば」でそのことを書きます。
11　たとえば、この間は、バルサン星人と
12　たたかって、やられそうになりました。
13
　　そして「だから」でそのわけやかんがえを書きます。
14　だから、体をきたえるために、中の
15　池のまわりを二しゆう走ります。
16
　　そのつぎは、「または」でくふうことを書いてみよう。
17　または、えいようをつけるために、お
18　しを食べます。
19
　　ここは、さいごのまとめ「それでも」で前にもどしてみよう。
20　それでも、たまには、負けそうになるの
21　だ。
22　「ジュワッチ。」

つづき言葉（接続詞）で おもしろ作文

お手本

1. た　い　→
2. 　　　　　　　　　　　　　　　　　　　　　　　↑名前

書き出しは、ぼくは……わたしは……が書きだしやすいかな。

3. ○ほ　く　は　、
4.

つぎにしたいことをじゆうに書いていこう。

5. そ　し　て　、
6.
7.

それだけじゃ、おもしろくないから、「しかし」をもってきて、話をかえてみます。

8. し　か　し　、
9.
10.

そして「たとえば」で、そのことを書きます。

11. た　と　え　ば　、
12.
13.

そして「だから」で、そのわけやけつかを書きます。

14. だ　か　ら　、
15.
16.

そのつぎは、「または」で、くらべることを書いてみよう。

17. ま　た　は　、
18.
19.

さいごは、ぎゃくのいみの「それでも」で、同じかんけいを書こう。

20. そ　れ　で　も　、
21.
22.

話す・聞く　**書く**　読む　伝統的な言語文化

なかなか同じにならない……

図形当て作文

★ つけたい力 ★

経験したことや知っていることなどについて，順序を整理し，簡単な構成を考えて文や文章を書くことができる。

●時間…15～20分　　●準備するもの…八つ切り画用紙やB5の白紙

こんな楽習！

先生や友だちが話した事柄から，図形を想像して書き表す「楽習」ネタです。特別支援教育のセミナーなどでも取り上げられます。伝えたつもりでもなかなかうまく伝わらないところがおもしろいです。

進め方

① 「今から先生が言う図形を描きましょう。質問は一切受け付けませんよ。」
（例）「丸を1つ描きます。その横に三角を描きます。…終わりです。」

② 「先生が言った図形はこれです。」と言って見せます。「そっくりな人はいますか。」と聞いてみます。

③ 問題を出した側と同じ図形にしようと思ったら，分かりやすく説明する工夫が必要となります。班対抗ゲームをすると面白いです。

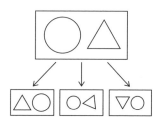

アレンジ

動物のしぐさ（例：舌を出している小犬）を描かせても，おもしろいです。

☑ 評価のしかた

正確に描かせるためには，問題を出す人の言葉の説明がよりくわしくないと難しいです。そのために子どもたちは，たくさんの言葉を使います。遊びながら，言葉を増やし工夫することができます。

23

話す・聞く　**書　く**　読　む　伝統的な言語文化

何にでも使えます
五七五作文

★ つけたい力 ★

鉛筆を持つ抵抗感を減らし，文を書く力を養い，語と語や文と文との続き方に注意しながら，つながりのある文や文章を書くことができる。

●時間…45分　　●準備するもの…ノート，作文用紙

こんな楽習！

　五七五の17音。そうです，俳句・川柳です。例えば，宿泊学習の日記で，「今日の出来事の中で印象に残った一つを，五七五の川柳にしましょう」などといったお題。この「楽習」は，どんな時でも使えます。たった17文字だけなら簡単！いや，難しい？おもしろ「楽習」ネタ作文です。

進め方

（例：宿泊学習の一日の振り返り）
① お題を決める。
② 一日の振り返りの短作文を200字程度書く。
③ その短作文の中から，伝えたいキーワードを選ぶ。
④ そのキーワードを五七五音になるように，文字数を調整して並べ替える。
　【五七五作文ができるバリエーション】
　　・物語の感想や登場人物への手紙，日記，授業の感想

アレンジ

　五七五七七の短歌バージョンも，できます。どうしてもまとめきれない子どもには，こちらがまとめやすいかもしれません。

☑ 評価のしかた

　五七五にならない字余り，字足らずも出てくるとは思いますが，楽しく書くことができていればよしとします。

24 大入り作文

話す・聞く　**書く**　読む　伝統的な言語文化

「大入り！ご祝儀」じゃ，ないですよ

★ つけたい力 ★

鉛筆を持つ抵抗感を減らすことで，文を書く力を養い，語と語や文と文との続き方に注意しながら，つながりのある文や文章を書くことができる。

●時間…45分　　●準備するもの…ノート，作文用紙

こんな楽習！

漢字を意図的に使う作文です。「大」で，進め方を綴りますが，もちろん，違う漢字でも取り組むことができる「楽習」ネタ作文です。

進め方

① 「今から3分間で『大』の使われている熟語を探します。よういどん！」
② 学習班のメンバーで見つけた「大」のつく熟語をチョークをバトン代わりにして，板書させます。「大仏」「大阪」「大学」「大粒」「大雨」「大豆」……。
③ 「大雨の日に，大人が大粒の大豆を歩きながら食べていました。すると，大声にびっくりし，目の前の大石につまずいて……」と例文を提示し，『大』を使った熟語を使って，お話を書きます。ポイントは『いつ，どこで，だれが，何をした』を順序よく書くこと。誰がたくさんの『大』のついた熟語を使えるかな。なお同じ熟語を使った場合はカウントしません。」
④ 時間設定後，「大」のつく熟語の数を数えて，学習班で得点化してもおもしろいでしょう。

アレンジ

「小」「中」「生」また，新出漢字の中から出題してもよいでしょう。

☑ 評価のしかた

「大」を使った熟語という題意に沿っていることは大切ですが，ねらいとして，たくさんの文を楽しんで書かせることに重きを置きます。

25 ことわざをクラスで流行らせよう
ことわざ辞典を作ろう

話す・聞く　**書く**　読む　伝統的な言語文化

★ つけたい力 ★

ことわざの学習を通して、言葉のもつ深みやおもしろさを味わう。

- 時間…45分
- 準備するもの…国語辞典やことわざ辞典

こんな楽習！

単にことわざを調べて終わりではなく、クラス内で共有します。

まずは、ワークシートに書いて集めます。しらべたことわざの例文をクラスのことや学校のことを題材として、用例としてまとめます。ちょっと身近なことわざ辞典ができあがる「楽習」ネタです。

進め方

① ことわざ辞典を作ることをワークシートを使って説明します。
② 「五十歩百歩」を例に記します。このことわざの使い方をクラスのことや学校の出来事でまとめます。
③ 「学校に遅刻した。10分遅刻も、15分遅刻も五十歩百歩だ。」というように、書きましょう。

アレンジ

ことわざだけではなく、慣用句や四字熟語でもできます。

☑ 評価のしかた

ことわざの意味と使い方が合っていることが大切です。また、用例については、子どもが発表する前に、事前確認をすることが大切です。使い方を間違っているのに、発表させてしまうことが無いようにします。

ことわざ辞典を作ろう

カード作成者（　　　　　　　　）

ことわざ

意味

使い方（用例）

調べた辞典（出典）

26

話す・聞く　**書く**　読む　伝統的な言語文化

【伝記を読んで，自分の生き方について考えよう】

考えたことをパソコンでまとめよう

★　つけたい力　★

推敲や校正が簡単なパソコンで，意見文をまとめることができる。

●時間…15～20分ごと　　●準備するもの…パソコン，ジャストスマイル，伝記

　こんな楽習！

　光村図書の5年に，「伝記を読んで，自分の生き方について考えよう」という単元があります。意見文を書いて，推敲して清書して……。この清書が厄介です。でも，パソコンソフトを使えば，いらいら感無く進めることができます。空気を吸うように，当たり前のように，楽に書くことができ，鉛筆を持つ抵抗感を減らす「楽書き」になるように……。これも「楽習」ネタです。

　進め方

① 教科書教材を読み進めていきます。これはモデル学習となります。第1時から第3時までは，考えたこと綴るための方法を習得する学習です。
　　第1時：人物の説明，第2時：行った偉業，第3時：自分の考え，として，それぞれをノートにまとめます。
② そして，並行読書として，子どもたち自身が選んだ伝記も上記の3点をノートに綴っていくことを話します。これは，第1時の前半に，教科書を使ったモデル学習をして，後半，並行読書として選んだ伝記について書き進められるようにします。
③ つまり，モデル学習で書き方を習得して，子どもたちが選んだ伝記から，人物の説明をまとめて活用できるような学習スタイルを取ります。
④ ノートに綴った3点をパソコンソフト（ジャストシステム社　ジャストスマイル）に，入力します。（※次図のメモ1～3を参照）

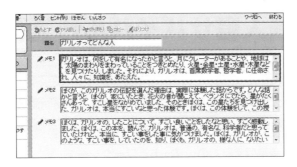

⑤ 題や名前など，必要事項を入力したら「すいこう」ボタンを押します。

⑥ 「すいこう」では，「意見をもらう」というボタンがあり，右図のような推敲シートを印刷することができます。それを使ってクラス内で交流します。校正は，赤鉛筆で行い，推敲は，友だちのアドバイス欄を活用するといいでしょう。

⑦ アイコンの順で活動を進めていくことができるので，推敲が終われば「せい書」になります。用紙などを選択し，印刷します。

アレンジ

このパソコンソフトは，様々な書く活動でよく使っています。特に，推敲や校正を多くするような書く活動には，打ってつけです。

☑ 評価のしかた

人物の紹介や行った偉業については書き進めやすいですが，それらに対しての自分の意見は，感想から書くことでもよしとします。

27 無人島サバイバル作文ゲーム

話す・聞く　**書く**　読む　伝統的な言語文化

君なら何を持っていくかな

★ つけたい力 ★

文章全体における段落の役割を理解し，自分の考えが明確になるように，段落相互の関係などに注意して文章を構成することができる。

●時間…45分　　●準備するもの…ノート，ワークシート

 こんな楽習！

　無人島に何を持っていくか。厳選の3つを決めて発表します。いかに説得力のある説明ができるかという「楽習」ネタです。

 進め方

① 始めに以下を提示をします。音読でよいでしょう。必要であるならば，事前に書いたフラッシュカードなどで提示しましょう。

> 　あなたは，旅に出ました。しかし，あなたの乗っていた飛行機は，無人島へ不時着。残念ながら，この飛行機は，今にも爆発しそうです。
> 　幸い，食料も水も十分にあります。救助が来るまで生きのびるために，この無人島へ3つの物を持ち出すことができます。
> 　さて，あなたなら，何を持ち出しますか。

② ワークシートを配布し，自由に書くように指示します。
③ 「学習班の中で，交流します。その中で一番説得力のある作文を代表作文にします。」と伝えます。
④ クラス全体で交流し，よかったものを選びます。

アレンジ

　学習班の意見を元に，話し合いをし，学習班で3つを選択してもよいでしょう。

☑ 評価のしかた

選んだものの理由について，明快に書けているものを褒めましょう。その理由が客観的であり，具体性に富んだものならば，なおよいでしょう。

無人島サバイバル作文ゲーム

（　）年（　　　　　　）

もし、無人島に漂着したら、生き延びるために何が必要でしょうか。

私（ぼく）なら、水と食料以外に次の三つのものが必要だと思います。

一つ目は、（　　　　　　　　　　　）です。
なぜかというと、（　　　　　　　　　　　）からです。

二つ目は、（　　　　　　　　　　　）です。
なぜかというと、（　　　　　　　　　　　）からです。

三つ目は、（　　　　　　　　　　　）です。
なぜかというと、（　　　　　　　　　　　）からです。

この三つさえあれば、救助が来るまで、無人島で生きていくことができます。

28 アウトライン

話す・聞く　**書く**　読む　伝統的な言語文化

書くことが苦手な子どもには……

★ つけたい力 ★

経験したことや知っていることなどについて，順序を整理し，簡単な構成を考えて文や文章を書く能力を育てる。

●時間…15～20分　　●準備するもの…原稿用紙やノート

こんな楽習！

「いざ意見を書かせたい！」と教師が思っても，どう書いてよいのかが分からない子どももいます。そのような時に，おすすめの楽習ネタです。

進め方

① 「山と海では，どちらが楽しいか。」について，自分の意見をノートに書いてみるように指示します。

② 迷っている子どもには，右図のような文が書かれているヒントカードを渡します。

③ 時間を設定して，書き上げます。書けた子どもから，交換して読み合います。

> 山と海では、どちらが楽しいかを考えた。わたしは、（　）の方が楽しいと考える。理由は、（　）つある。
> 一つ目は、（　）である。
> 二つ目は、（　）である。
> しかし、（　）の方が楽しいという考えもある。例えば、（　）という考え方だ。
> 山と海は、どちらが楽しいかを検討して（　）だと考えた。

アレンジ

「山」「海」「楽しい」の部分を他の言葉に変えてみても取り組めます。

☑ 評価のしかた

まずは，自分の意見が書けたところから評価しましょう。課題に対して，「山」と「海」とのどちらを選んだかのスタートで大丈夫です。それを積み重ねていきましょう。

話す・聞く　**書く**　読む　伝統的な言語文化

平仮名が無くても伝わるぞ！

★ つけたい力 ★

鉛筆を持つ抵抗感を減らし，文を書く力を養い，語と語や文と文との続き方に注意しながら，つながりのある文や文章を書くことができる。

●時間…45分　　●準備するもの…ノート

こんな楽習！

　高学年になると，熟語の学習があります。そこで，四字熟語を使って作文を書きます。まるで漢文みたいに感じる「楽習」ネタです。

進め方

① 「みんなで，できる限りの四字熟語を集めましょう。」と指示し，ノートに書き出させます。学習班で相談して書いてもよいことにします。
② 「阪神優勝」「家族元気」などの実際にはない四字熟語もありにします。
③ 「学習班ごとに黒板に書いてもらいましょう。」と促します。チョークをバトン代わりにして，リレー発表にするとさらに楽しくなることでしょう。
④ 四字熟語のみで作文を書かせます。例文を提示するのもよいでしょう。
　　関田聖和　卓球大好　練習一杯　切磋琢磨
　　試合当日　実力発揮　学校優勝　歓喜雀躍
⑤ 作文ができた子どもから発表するなどして，交流をしていきます。

アレンジ

　二字，三字熟語でやってみてもよいでしょう。また，熟語をつなげて長い熟語を作ってみるという取り組みもおもしろいでしょう。

☑ 評価のしかた

　創作四字熟語もおもしろいのですが，せっかくなら従来ある四字熟語の意味も知って，学びにつなげたいところです。

30 一字題一行詩

たかが一文字，されど一文字

話す・聞く　**書く**　読む　伝統的な言語文化

★ つけたい力 ★

感じたことを豊かに書いて表現する力を育てる。

●時間…15～20分　　●準備するもの…ノート，清書用紙（10cm幅程度の画用紙）

 こんな楽習！

　詩を書く学習です。それも一行詩。これならば，作文の苦手な子どももほっとします。さらにそのタイトルも一字。気楽に取り組むことができます。

 進め方

① 「詩を読みます。題名は，何か予想してみましょう。漢字一文字です。」
② 「いくつか例を出します。『ぼくのかっこいい姿を映してくれるんだ』正解は，鏡です。『かけがえのない自然の命となるもの』正解は，水です。『毎日，表情を変える』正解は，空です。」
③ 「題名が一字で，詩の文が一行なので，一字題一行詩と言います。」
④ 「今度は，みんなで挑戦しましょう。題は，『冬』です。」
⑤ 「できた人から，順に清書します。」
　10cm幅程度で，四つ切り画用紙2枚分の長さの清書用紙を用意し，油性ペンなどで書かせます。
⑥ 「できた人から並べてみましょう。」と，黒板に並べて掲示します。
⑦ 「クラスみんなで作った詩『冬』の完成です。音読します。」

アレンジ

　できあがったら，順を入れ替えたり，言葉を推敲したりしてもいいでしょう。

✓ 評価のしかた

　一行詩ですので，一文であることが大切です。一文が長くなる場合には，伝えたいキーワードをしぼって一文にするとよいでしょう。

話す・聞く　**書く**　読む　伝統的な言語文化

ネットには，素材がいっぱい
インターネットの写真をレポートしよう

★ つけたい力 ★

事実と感想，意見などとを区別するとともに，目的や意図に応じて簡単に書いたり詳しく書いたりすることができる。

●時間…45分　　●準備するもの…インターネット，レポートに使いたい画像

こんな楽習！

　インターネットは，良くも悪くも素材の宝庫です。その中で，画像を使ってレポートをまとめます。情報モラルも学ぶことができる「楽習」ネタです。

進め方

① 画像を提示します。この画像については，教育的配慮をしながら選択します。新聞社などのニュースサイトから引用するとよいでしょう。この画像を見て感じたこと，知っていることを出し合います。
② 出された意見を事実，感想，意見に分けます。その後，体験を加えてまとめます。
③ ①，②の終了後，今度は，子どもたちが画像を見て自由に書かせます。この際，引用サイト名，URLは明記させるようにしましょう。

アレンジ

　年末の10大ニュースなどの画像を使って，子どもたちのレポートを見比べると，同じ事柄であっても違う視点から文が変わってくるおもしろさを体感できます。また，苦手な子どもには，自由に書かせる段階でも，事実，感想，意見の3つの視点を書き出してから，レポートにまとめていくように伝えると，ハードルが下がることでしょう。

☑ 評価のしかた

　事実，感想，意見が入っているレポートであればよしとします。

32 詩的大改造ビフォーアフター

話す・聞く　書く　読む　伝統的な言語文化

詩の推敲，校正を楽しく学びます

★ つけたい力 ★

文章の間違いを正し，よりよい表現に書き直すことができる。

- 時間…45分
- 準備するもの…ノート，子どもたちが書いた詩などの作品
  BGM ―「TAKUMI / 匠」「Inscrutable Battle」

こんな楽習！

子どもたちがあまり好んで取り組まない推敲や校正について，表現が豊かになること，伝わりやすくなることを感じることができる「楽習」ネタです。

進め方

① 「先日書いた詩を推敲します。推敲とは，書いた文をよりよく書き直すこと。そのために6人の匠を連れてきました。」と話しBGMを流します。

② 下記の中から，2つほど匠として選びます。

「繰り返し」	リズムを生みます	こわいこわい
「倒置法」	ひっくり返します	うれしいよ君と会えて
「体言止め」	言い切りの形で止めます	跳んでいるうさぎ
「擬人法」	人ではないものを人と見なします	月が笑った
「言葉をくずす」	少し意味を込める	そっと→そうっと
「比喩」	似たものを使って例える	まるで太陽のようだ

③ 書き改め方を説明したのちに，子どもたちの作品を見直すように指示します。書き改まったら，「何ということでしょう。」と言った後に，音読させます。音読する一番は，やんちゃくんが適任です。

☑ 評価のしかた

修辞について，正しい知識と理解を深めるチャンスになります。その効果まで指導できると，その後の書く活動がより豊かになることでしょう。

33 音読指導アラカルト

話す・聞く　書く　**読む**　伝統的な言語文化

音読は，脳の活性化にいい！

★ つけたい力 ★

語のまとまりや言葉の響きなどに気を付けて音読することができる。

●時間…5分ごと　●準備するもの…音読するための教材

こんな楽習！

国語の楽習の基礎基本と言える音読指導。音読をとってもいろいろな方法があります。様々な手立てを知っていれば，どのような子どもが来たって，「ふうん，そう来るかあ。じゃ，この手立てで！」と取り組ませることができます。国語の授業をする先生も，余裕をもって楽しんでいきましょう。

進め方

ここでは，音読の種類とその仕方をまとめます。

① 追い読み（連れ読み）
　教師が一文を音読した後，子どもたちが同じ文を音読します。
　読みの苦手な子どもは，取り組みやすいです。
② 一文交代読み（○読み）
　教師が一文を音読し，次の文を子どもたちが音読をします。
③ 個人読み
　文字通り，一人で音読します。
④ 微音読
　小さい声で音読をします。
⑤ 黙読
　黙って読みます。
⑥ 時間読み

30秒や1分間などと決めて，どこまで読めたかを競います。

⑦　高速読み

できる限り速く音読をします。

⑧　座席交代読み

座席順に交代，列交代，班交代して音読します。

⑨　男女交代読み

男女で交代しながら読みます。

⑩　竹の子読み

決められた順番ではなく，読みたい子どもが順に立って，音読をします。教室内で次々に立って読む姿から，こう呼ばれています。

⑪　目隠し読み

目を閉じて音読します。ある子どもに言わせると，海軍大将 藤虎（ONE PIECE）読みと言うらしいです。暗誦につながります。

⑫　かぶせ読み

一文交代読みの語尾を重ねて音読します。一文字から三文字程度が妥当です。スピードが上がります。そして少し緊張感を生み出すことができます。

⑬　輪唱読み

歌でいう輪唱をするように音読します。

ここからは，音読「楽習」ネタです。

⑭　関西弁読み

ちょっとおふざけかも知れませんが，教材文を関西弁で音読します。大阪のおばちゃん読みの方がよいという子どもも……。

⑮　幼稚園・保育所読み

一年生独特の音読に見られる，ゆっくりと読んだり，語尾が上がったりする音読を否定したいときに，聞かせてみせる読み方です。もちろん，これを身に付けるのではありません。

⑯　感情読み

　うれしい，かなしい，さみしいなどの感情を込めて，音読します。
　泣きながら読み，かなしい読み，さみしい読みなどという子どももいます。

⑰　キャラクター読み

　大阪のおばちゃん読みも，ここに入ってくるかも知れませんが，アニメのキャラクターやドラマの主人公などになりきって音読します。台風の時に映されるアナウンサー読みや，「ピカッ」って言っているだけのピカチュウ読みが人気です。最近では，妖怪ウォッチのコマさん読みが受けます。クラスに一人はいるやんちゃな子どもが，「豆太は，走った。」を「豆太は，走ったずら。」と，上手に音読してくれることでしょう。一気に教室の雰囲気が柔らかくなります。

ア レ ン ジ

　音読は，良くも悪くも教室の空気を一変させます。また内容の理解の差をも生み出すことにもなります。ここで紹介した①～⑨は，音読パターンの基本とも言えるでしょう。確実にできるようにしたいです。

　教材の初めての出合いでは，追い読みをすることが多いです。音読「楽習」は，ちょっと気分を盛り上げたいときや教材の音読集などでするといいでしょう。

　これらを組み合わせて行うことで，バリエーションが増やせます。たぶん，100以上になることでしょう。例えば，一文交代読みと高速読み，これに男女交代読みを絡めることもできます。

☑ 評価のしかた

　正確に読むことができる力は，大切です。しかし子どもの中には，眼球運動の不器用さから，うまく読むことができない子どももいます。リーディングスリットやデジタル教科書，拡大教科書などを利用することもよいでしょう。

34 群読に挑戦しよう

みんなで音読をそろえるだけで

話す・聞く　書く　**読む**　伝統的な言語文化

★ つけたい力 ★

語のまとまりや言葉の響きなどに気を付けて音読することができる。

●時間…5分ごと　　●準備するもの…音読するための教材

こんな楽習！

群読とは，一人や複数の読み手で，楽しく，または，美しくなど，音声表現をすることです。

進め方

ソロパート，数名で読むパート，全員で読むパートの大きく3つに分けます。

取り組む人数が多ければ，グループで読むパートも加えます。

トン，トンと手拍子を打ちながら，音読するといいでしょう。また，自作する場合は，繰り返すことのできる言葉を入れます。その際，その言葉を複数で音読すると，より強調されます。

次ページに次作の群読教材を掲載しました。右から左へ進んでいくのですが，9行目までは，ゆっくりとしたペースで音読し，「そうれ！」からは，上記のトン，トンのリズムで音読します。

アレンジ

宿泊学習のスタンツなどや文学教材のまとめの学習としても取り組むことができます。

☑ 評価のしかた

録音，録画をして聞き返したり見返したりすることで，確認できます。

群読 『君の夢』

ソロ	①〜②班	③〜⑤班	全員
夢を必ず			
	夢を必ず	夢を必ず	
			夢を必ず
かなえるぞ			
	かなえるぞ		
		かなえるぞ	
			かなえるぞ
そうれー！（トントン）			
	がんばれ がんばれ	がんばれ がんばれ	がんばれ がんばれ
	負けるな 負けるな	負けるな 負けるな	負けるな 負けるな
ぼくの夢だ			
	私の夢だ		
		つかむぞ つかむぞ	つかむぞ つかむぞ
しんじてる		しんじてる	しんじてる
青空見上げて			
	見上げて 見上げて		
		とばせ とばせ	とばせ
わたしものってる			
	ぼくらものってる		
		仲間ものってる	仲間ものってる
がんばるぞお			
		みんなも待ってる	みんなも待ってる
		がんばるぞお	がんばるぞお
負けるぞお			
		負けならぞお	
		負けるぞお	負けるぞお
ぼくらのしるしだ			
わたしらのしるしだ			
	力を出そう		
		力を出そう	力を出そう
そうだそれは			
		そうだそれは	そうだそれは
つかむぞ必ず			
	つかむぞ必ず		
		つかむぞ必ず	つかむぞ必ず
ぼくの夢			
わたしの夢			
	きみの夢	きみの夢	きみの夢

35

話す・聞く　書く　**読む**　伝統的な言語文化

鉄板授業！
おならはえらい

★ つけたい力 ★
言葉には，意味による語句のまとまりがあることに気付くことができる。

●時間…45分　　●準備するもの…「おならはえらい」（まどみちお）

こんな楽習！

　詩「おならはえらい」（まどみちお）の「楽習」ネタです。タイトルでお分かりかと思いますが，こういう内容は，低学年に大うけです。

進め方

① 　□□□はえらい　まどみちお　と板書します。「読んでみよう。□□□は，ほにゃららって，読んでね。さんはい。」と促します。
② 　「まどみちおさんという人が，「□□□は，えらい」という詩を作りました。続きを書きます。」と話した後，□□□は，えらいと板書します。
③ 　順に一行ずつ板書します。子どもの実態を考えて，ノートに視写させることもいいでしょう。その際，□□□については，正解を書かないようにします。
④ 　子どもたちと追い読み（連れ読み）しながら，確認します。
⑤ 　「□□□が分かったら，ノートに書きます。ノートに書けたら，先生に持ってきましょう。」と伝え，子どもたちに自由に予想させます。
⑥ 　□□□の予想を発表させる際，右図のようなものを黒板の端に書き，真ん中に正解の「正」と書きます。丸磁石を使って，正解に近ければ，磁石を円の中心に置きます。大きく外れれば，大きく外します。これだけで，学習が，「楽習」になります。
⑦ 　正解が早く出た場合にその子どもへ，「先生と○○さんだけが分かったね。みんなの予想を聞いてみようね。」

と話します。正解が出た後も，友だちの発言を聞く側に回らせるように促すことは，大切です。
⑧ 一行ずつ板書し，ノートに書かせる際に，「あいさつするんだって。」と声かけをしていくと，子どもたちの想像を促すことができます。
⑨ 答えが分かり，子どもたちと音読するときには，板書した詩を少しずつ消しながら音読すると，いつの間にか暗唱してしまいます。

　　　　　　　　おならは，えらい
　　　　　　　　　　　　まどみちお

おならは　えらい　　　　せかいじゅうの
でてきた　とき　　　　　どこの　だれにでも
きちんと　　　　　　　　わかることばで……
あいさつ　する

　　　　　　　　　　　　えらい
こんにちは　でもあり　　まったく　えらい
さようなら　でもある
あいさつを……

　　　　　　　　　「おならはえらい」まどみちお著（童心社）

アレンジ

□□□と3文字になるように示していますが，1つの長方形にしてしまってもよいでしょう。

☑ **評価のしかた**

言葉遊びなので，難しいことを考えずに，楽しく進めたいものです。

36

話す・聞く　書く　**読む**　伝統的な言語文化

音読の工夫も「楽習」ネタでOK

ゲストティーチャーは，声優？ Say you！

★ つけたい力 ★

目的に応じて，効果的な読み方を工夫することができる。

- 時間…15〜45分ごと
- 準備するもの…アニメ動画の台詞が書かれたワークシート
  　　　　　　　特定の声優が担当しているアニメのキャラクター動画

こんな楽習！

音読の工夫の練習です。あるお話を音読します。役割読みもいいかも知れません。最後の確認は，実際のアニメ動画を見て振り返ります。

進め方

① アニメのワンシーンを文に起こしておきます（例えば下記のようなお話

音どくプリント　　名前（　　　　　　）

「みんな、あそびにいこう。」
ひでかずくんが、みんなをさそっています。
「わたし、ぶらんこがいいな。」
と、せいなちゃんが言いました。
「わたしは、すべりだいであそびたい。」
と、ひなりちゃんが言いました。
どうしようかと、まよっていると、
「いたいんだよう。」
と、大きな声でないている友だちがいました。
なおとくんです。
「ひでかずくん、なおとが、けがをしたんだ。」
と、こうへいくんが言いにきました。すると、
「いこうよ。」
と、ひでかずくんが言ったとたんに走り出したので、せいなちゃんが言ったとたんに走り出したので、ひでかずくんとひなりちゃんも、かけだしました。

です)。また，そのワークシートを配布します。
② 「音読の練習をします。一度みんなで読んでみましょう。」と一斉音読をします。クラスの実態によっては，追い読みでもいいでしょう。ここは，漢字の読みなどの確認程度です。
③ 「登場人物は，何人でしょう。」と問います。これは，学習班の人数に合うお話にするといいです。ドラえもんなら，のび太を始めとする子どもたち。名探偵コナンならば，コナンの身近な人物たちの組み合わせなどでいいでしょう。
④ 「役割を決めて音読の練習をしましょう。」と伝え，各学習班ごとに練習をします。10分ぐらいでいいでしょう。
⑤ 「みんなの前で聞かせてもらいましょう。」と伝え，いくつか発表。ここでは，全部しなくてもいいです。
⑥ 「それでは，音読のゲストティーチャーを紹介しましょう。」と言い，いくつかの有名な役を演じている声優さんが担当しているキャラクターの動画を見せます。例えば，声優の神谷明さんならば，キン肉マン，毛利小五郎（名探偵コナンの初期），ケンシロウ（北斗の拳）などが有名です。
⑦ 「みんなが練習していた音読のお手本を見せましょう。」と言って，子どもたちが練習していた文章と同じワンシーンを見せます。つまり，出てくる登場人物の声優とワンシーンを見せる声優さんと合わせておくことがポイントです。楽しく雰囲気作りをしながら，もう一度練習し，発表をするといいでしょう。

アレンジ
戸松遥さん，高山みなみさん，野沢雅子さんなども実践に最適です。

✓ 評価のしかた
楽しく音読するだけではなく，声優さんのようにキャラクターによって声色を変えたり，強弱をつけたりしている子どもには，大いに褒めます。

37

話す・聞く　　書く　　**読む**　　伝統的な言語文化

物語の読解を少しでも楽に……

物語読解の始めの5つ

★ つけたい力 ★

目的に応じ，内容の中心をとらえたり段落相互の関係を考えたりしながら，読む能力を身に付けさせるとともに，幅広く読書しようとする態度を育てる。

- ●時間… 5〜45分（取り組み次第）
- ●準備するもの…読解するための教材

こんな楽習！

読解を苦手とする子どもたちは多いことでしょう。これは，文章を読んでイメージする力，それを表現する力に関係しています。少しでも簡単にする視点を紹介します。

進め方

教材を音読します。次の観点で，抜き書きをしたり，文をまとめたりします。

- ・登場人物
- ・時
- ・場所
- ・主人公
- ・出来事・事件

それぞれについて，教材を読み，書きまとめていきます。低学年であれば，時と主人公については，一斉指導をしながらでもよいでしょう。私は，その指導の中で，見つけることができるように育てばいいと考えています。

① 「登場人物は，誰でしょう。」と問い，子どもたちに順に発言を促します。

② 「物語を読んで,いつのお話なのかを考えて書いていきましょう。場面が変わるところは,春→夏……などと書きましょう。」
③ 「場所について書きましょう。場面の移り変わりもあるので,公園→学校などと書きましょう。」
④ 「主人公は,誰でしょう。どうしてそう考えたのかを書きましょう。」
⑤ 「出来事・事件は,どんなことがありましたか。書いてみましょう。」
と進めます。

　そしてそれぞれの中で,対比をしたり,表現の豊かさからイメージを膨らませたり,主題を考えたり,クライマックスについての意見を出し合ったりする活動につなげていきます。

アレンジ

　もちろん上記の5つだけの視点で,読解がすべてできるということではありません。しかし,これら5つは,最低ラインとして取り組んでいます。

　野口芳宏先生は,『野口流 教師のための発問の作法』(学陽書房)の中で,20の視点を読み物教材,説明文教材に分けて,示してくださっています。

　登場人物については,一斉指導で取り上げることが多いでしょう。しかし,「主人公は誰か」ということについても,読解をするためのよい材料になります。話し合い学習にもつながることが多いです。

☑ 評価のしかた

　なかなか取り組みにくい子どもがいる場合は,一斉指導などで確認をすることもいいでしょう。1学期に取り組んでおけば,2,3学期には,視点を確認するだけで,子どもたちが活動できるかも知れません。取り組み始めは,題意に合ったことを書けたらよしとしましょう。

38

話す・聞く　　書く　　**読む**　　伝統的な言語文化

説明文の読解を少しでも楽に……
説明文読解の始めの5つ

★ つけたい力 ★

目的に応じ，内容の中心をとらえたり段落相互の関係を考えたりしながら，読む能力を身に付けさせるとともに，幅広く読書しようとする態度を育てる。

●時間…5～45分（取り組み次第）　●準備するもの…読解するための教材

 こんな楽習！

　説明文の読解は，物語教材よりも身につけたい力だと考えています。子どもたちが大人になったとき，生活の中で手に取るであろう取扱説明書など読解が必要となることが多いからです。物語に続き，始めの5つを紹介します。

 進め方

　教材を音読します。次の観点で，抜き書きをしたり，文をまとめたりします。

　・問い
　・答え
　・事実
　・（筆者の）意見
　・説明

　それぞれについて，教材を読み，書きまとめていきます。低学年であれば，説明を事実をくわしくしていること，意見をくわしくしていることなどと指導してもよいでしょう。

① 「段落を確認します。文章の中で一ます落ちているところを小段落といいます。番号を振っていきましょう。」と伝え，順に番号を記入するよう

に指示します。
② 「問いの文を探します。抜き書きしましょう。」これについては，〜でしょうか。などの語尾で見つけやすいので，一斉指導にしてもいいでしょう。
③ 「問いの答えの文を探します。抜き書きしましょう。」問いに対して，答えがあるのですが，一つの問いに，複数の答えが存在することもあることも合わせて指導します。しかし，中学年などで複数の答えが出てくる教材が初めて出てくる場合は，一斉指導で取り組んでもいいでしょう。
④ 「事実と意見について確認します。」事実には○，意見には△を文頭に書きましょう。（○，△については，何でもかまいません。）
⑤ 「事実や意見をくわしく書かれている説明を整理しましょう。」高学年であれば，④の中に組み込んでもかまいません。中学年では，なかなか難しいかもしれませんが，いくつかを例として一斉指導などで確認して取り組むといいでしょう。

これらを元に，要約したり筆者の考えをまとめたりする学習につなげます。

アレンジ

物語読解同様，これらの5つの視点で，読解がすべてできるということではありません。野口芳宏先生は，『野口流 教師のための発問の作法』（学陽書房）の中で，20の視点を読み物教材，説明文教材に分けて，示してくださっています。自分の考えをまとめて書き，発表するような学習に取り組む場合も，事実と意見を明確にして，それらを説明するように書くことを促すと，子どもたちは，書きやすくなります。

☑ 評価のしかた

なかなか取り組みにくい子どもがいる場合は，一斉指導などで確認をすることもいいでしょう。物語教材よりも，想像することが少ないかも知れませんが，図やグラフなどの読み解きも入ってくるため，社会や理科の学習の状況を考えながら，取り組むといいでしょう。

39

話す・聞く　書く　**読む**　伝統的な言語文化

音読で，大切なことも暗記！

めざせ！都道府県マスター

★ つけたい力 ★

語のまとまりや言葉の響きなどに気を付けて音読することができる。

- 時間…5分ごと
- 準備するもの…音読するための教材

 こんな楽習！

　朝の活動や授業の導入で使えるおもしろ音読です。音読するだけで楽しくなる「楽習」ネタです。

 進め方

　4年生の社会科でも使える各都道府県の県庁所在地を覚えるネタです。

めざせ！都道府県マスター！
　　　　　北海道・東北地方編

北海道は、札幌だ。
岩手県は、盛岡だ。
宮城県は、仙台で、
残りの東北、みな同じ！
青森、秋田、山形、福島

めざせ！都道府県マスター！
　　　　　関東地方編

茨城県は、水戸納豆
栃木県は、宇都宮！
群馬県は、前橋だ。
埼玉県は、平仮名さいたま（少し速く）
東京都は、新宿区
神奈川県は、横浜で、
最後の千葉県、おんなじだぁ。

めざせ！都道府県マスター！
中部地方編

石川県は、金沢だ。
山梨県は、甲府だね。
愛知県は、名古屋だみゃぁ。
新潟、福井、みな同じ。
長野も、岐阜も、また同じ。
富山も静岡、おんなじだぁ。

めざせ！都道府県マスター！
近畿地方編

三重県一文字　津なんだ。
滋賀県二文字　大津だよ。
兵庫は、港の神戸だよ。
京都、大阪、みな同じ。
和歌山、奈良も、おんなじだぁ。

めざせ！都道府県マスター！
中国地方編

島根県は、松江だよ。
鳥取、岡山、みな同じ。
広島、山口、おんなじじゃけぇ。

めざせ！都道府県マスター！
四国地方編

香川県は、高松で、
愛媛県は、松山です。
高知、徳島、みな同じ。

めざせ！都道府県マスター！
九州地方編

福岡、長崎、みな同じ。
長崎、佐賀県みな同じ。
熊本、大分、みな同じ。
宮崎、鹿児島、みな同じ。
沖縄県は、那覇、ナハ、ナハ！

アレンジ

タンバリンでリズムを取りながら，行うとよいです。

自分の県のところは，工夫してよいでしょう。

なお私のクラスでは，「ぼくらの兵庫は，神戸だよ」と唱えています。

✓ 評価のしかた

覚えた子どもが，都道府県県庁所在地テストで，高得点が取れたらすばらしいです。

40 鉄板授業！
本の紹介をしよう

話す・聞く　　書く　　**読む**　　伝統的な言語文化

★ つけたい力 ★

目的に応じ，内容の中心をとらえたり段落相互の関係を考えたりしながら，読む能力を身に付けさせるとともに，幅広く読書しようとする態度を育てる。

●時間…45分　　●準備するもの…ノート

こんな楽習！

各学年の教科書に載っている，本を紹介する表現活動にぴったりな「楽習」ネタです。

進め方

① 「本を読んで，おもしろいな。みんなも読んでみたらどうかな。って，思ったことはありませんか。本の紹介の仕方を学習しましょう。」
　ノートに「本の紹介の仕方」と書くように指示します。
② 「聞く人が，読みたいと思うように伝えるためには，どんなところをどれほどおもしろく感じたかを伝えます。」と話します。
③ 本を選びます。手元に本を置いておきたいです。図書室や家にある本から選ぶとよいでしょう。再読が必要になることもあります。（ここまでで１単位時間）
④ 次に挙げる項目を書くように指示します。
　○本の題名と作者名（筆者名）　　　　○紹介しようと思ったわけ
　○何が書かれていたか（おもしろかった内容）
　○どのように書かれていたか（見てほしいところや，読んでほしい言葉の引用，写真やさし絵）
　○どのように感じたか，何を考えたか（自分が感じたことを伝える）

（これで1単位時間）
⑤　これらのメモを元に，話す原稿を作ります。
⑥　話す原稿ができたら，どのように伝えたらよいかを考えます。
　　○本の見せ方（いつ中を開くか，どのページか）
　　○間を開けるところはどこか　　○強調するところはどこか
　　○話し方の工夫（たずねるように，おもしろそうになど）
　　を書き入れます。
⑦　グループ内や他学年などへ，本の紹介の会などを行い交流します。

アレンジ

様々な学年で，本の紹介に取り組みます。このネタをベースにすれば様々な取り組みに活かせるでしょう。

☑ 評価のしかた

自分が読んだ本について，おもしろかったこと，伝えたい言葉などが原稿に書いてあり，間，たずねるように話したり強調して話したりする工夫ができていればよいでしょう。

⑥ どのように感じたか，何を考えたか（自分が感じたこと・考えたこと）	⑤ どのように書かれていたか（見てほしいところや，読んでほしい言葉の引用，写真やさし絵）	④ 何が書かれていたか（おもしろかった内容）	③ 紹介のわけ	② 作者・筆者	① 本の題名	本を紹介しよう
					名前	

本を紹介しよう

名前

☆話す原稿を書こう。

ぼく・わたしのおすすめは、①〔　　　〕

という本です。作者は、②〔　　　〕さん

という人です。

この本のどんなところがおすすめかというと、

③〔　　　〕

ところです。そして、

④〔　　　〕

というところが、おもしろかったです。また、

⑤〔　　　〕

この本を読んで

⑥〔　　　〕

ということを考え（感じ）ました。

低学年
中学年
高学年

41

話す・聞く 　書く 　読む 　伝統的な言語文化

自然とたくさんの漢字を自ら学ぶ

図から漢字を探せ！

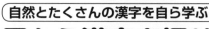

★ つけたい力 ★

漢字への理解と関心を高め，既習した漢字をたくさん書くことができる。

●時間… 5〜20分　　●準備するもの…ノートやワークシート

 こんな楽習！

国語は，学力の向上的変容が見えにくい教科です。しかし漢字学習については，習得度が見えやすい分野です。この漢字探しは，ゲーム感覚で取り組むことができるので，子どものやる気を刺激するのに打ってつけの楽習です。

 進め方

① 図を板書します。
② 「この図をじっと見てごらん。」と話し，間をとります。
③ 「ここに漢字が隠れているよ。」と話し，横画一本を色チョークでなぞります。「漢字の「一」です。」
④ 「あれ，こんな漢字もあるね。」と，「田」をなぞります。
⑤ 「誰か見つけた人，いますか。」と問います。
⑥ 見つけた漢字を発表させます。板書でも口頭でもかまいません。
⑦ 「みんなにも，見つけてもらいましょう。どうぞ。」
⑧ ワークシートを配布したり，ノートを使う指示をしたりします。

アレンジ

「東」などの字から，漢字を探すという実践もあります。

☑ 評価のしかた

「九」「五」など，本来の字形と少し違ったものも大目に見ます。

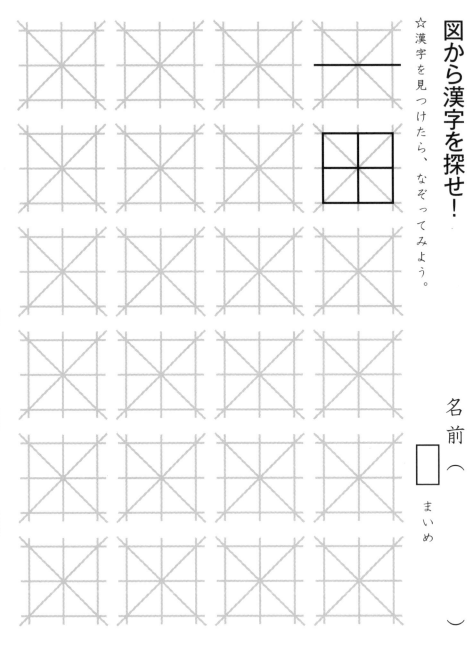

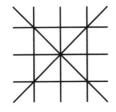

のなかから、漢字を探そう

月　日

名前

1	2	3	4	5	6	7
田	日					
8	9	10	11	12	13	14
15	16	17	18	19	20	21
22	23	24	25	26	27	28
29	30	31	32	33	34	35
36	37	38	39	40	41	42
43	44	45	46	47	48	49
50	51	52	53	54	55	56
57	58	59	60	61	62	63
64	65	66	67	68	69	70
71	72	73	74	75	76	77
78	79	80	81	82	83	84
85	86	87	88	89	90	91
92	93	94	95	96	97	98
99	100	101	102	103	104	105
106	107	108	109	110	111	112
113	114	115	116	117	118	119
120	121	122	123	124	125	126

42

話す・聞く　**書く**　読む　伝統的な言語文化

自然とたくさんの漢字を自ら学ぶ

漢字から片仮名を探せ！

★ つけたい力 ★

漢字への理解と関心を高め，既習した漢字をたくさん書くことができる。

● 時間… 5〜20分　　● 準備するもの…ノートやワークシート

こんな楽習！

クイズの本やテレビにも出てくる「楽習」ネタです。漢字の中から片仮名を探します。特に1，2年生の漢字は，片仮名＋αでできているものが多いです。片仮名を学習した1年生から取り組むことができる「楽習」です。

進め方

① 漢字「休」を板書します。
② 「この字を見てごらん。」と話し，間をとります。
③ 「片仮名のイが隠れている。」と話し，人偏を色チョークでなぞります。
④ 「あれ，こんな漢字もあるね。」と，「空」を書きます。
⑤ 「ウとルとエが，あるね。」と話します。
⑥ 「みんなにも，漢字の中から片仮名を見つけてもらいましょう。」
⑦ ワークシートを配布し，「漢字の中から『ア』を見つけたら，ワークシートの『ア』欄に書きます。五十音全部そろうかな。」と伝え取り組ませます。ノートに書かせる場合は『休』…「イ」と書かせるとよいでしょう。

アレンジ

いきなり片仮名を見つけるのではなく，にんべんの「イ」をたくさん見つける学習をしてから，この片仮名漢字の取り組みをしてもいいでしょう。

☑ 評価のしかた

「空」のうかんむりを「ウ」，さんずいの「氵」を「シ」と見立てるような，片仮名本来の字形とは違う場合もありますが，こうした漢字も認めます。

漢字から片仮名を探せ

名前

ア		イ		ウ		エ		オ	
カ		キ		ク		ケ		コ	
サ		シ		ス		セ		ソ	
タ		チ		ツ		テ		ト	
ナ		ニ		ヌ		ネ		ノ	
ハ		ヒ		フ		ヘ		ホ	
マ		ミ		ム		メ		モ	
ヤ				ユ				ヨ	
ラ		リ		ル		レ		ロ	
ワ									
ヲ									
ン									

今日の見つけた漢字の数

43 □に２画付け足した漢字を探せ！

話す・聞く　書く　読む　伝統的な言語文化

自然とたくさんの漢字を自ら学ぶ

★ つけたい力 ★

漢字への理解と関心を高め既習した漢字をたくさん書くことができる。

●時間…5〜20分　　●準備するもの…ノートやワークシート，漢字辞典や新聞など

こんな楽習！

有名な漢字探しのネタ，□に２画付け足すです。「20字」「30字」といった合格ラインを伝えると，がぜん張り切ります。漢字辞典を使っても教科書や新聞を見てもよいでしょう。大切なことは，「知らないうちに，たくさんの漢字を自然に書いている」子どもの状態です。それが，記憶として残ればよいです。

進め方

① □を板書します。
② 「□に，２本の線を書き入れると……。」と話し，「十」を□の中に書きます。
③ 「田になったね。」と話し，学年に応じて，もう１文字，見本となる事例を提示します。（白，古など。）
④ 「みんなにも，見つけてもらいましょう。どうぞ。」
⑤ ワークシートを配布し，１から順に書き入れるように指示します。ノートを使う場合は，①田，②目と書くように指示をします。

アレンジ

できれば，一回にとどまらず，幾度か繰り返すとよいでしょう。

☑ 評価のしかた

時折，２画を付け加えるということが分からない子どももいます。そこで，田の漢字探し同様，あまり固く考えず読むことができたらいいことにします。

□に１画付け足した漢字を探せ

月　　日

名前 _____

1	田	2	目	3		4	
5		6		7		8	
9		10		11		12	
13		14		15		16	
17		18		19		20	
21		22		23		24	
25		26		27		28	
29		30		31		32	
33		34		35		36	
37		38		39		40	
41		42		43		44	
45		46		47		48	

44 いろいろな漢字探しの紹介

話す・聞く　書く　読む　伝統的な言語文化

自然とたくさんの漢字を自ら学ぶ

★ つけたい力 ★

漢字への理解と関心を高め既習した漢字をたくさん書くことができる。

- ●時間… 5 〜20分
- ●準備するもの…ノートやワークシート，漢字辞典や新聞など

こんな楽習！

片仮名漢字や□に 2 画足す他にもたくさんの漢字探しがあります。
① かたぐるま（おんぶ）漢字　　② 手つなぎ（ペア）漢字
③ 部首漢字探し　　　　　　　　④ 読み方同じ漢字
⑤ 画数同じ漢字　　　　　　　　⑥ しりとり漢字
⑦ 熟語探し

です。下記に，順に取り組みを紹介します。

進め方

① 手つなぎ（ペア）漢字

　顔という漢字は，「彦」と「頁」のように，たて半分に分けることができます。隣同士で手をつないでいるペアように見えるので，これを「手つなぎ（ペア）漢字」とよびます。

　※解答例に，始・理・認・休などがあります。

② かたぐるま（おんぶ）漢字

　「思」という漢字は，「田」と「心」のように，横半分に分けることができます。下の漢字をかたぐるま，おんぶしているように見えるので，これを「かたぐるま（おんぶ）漢字」とよんでいます。

　※解答例に，空・奈・音・恋などがあります。

③ 部首漢字探し

部首を特定して，その部首の漢字を集めます。例えば，「にんべん」「さんずい」などと指定して集めます。

④ **読み方同じ漢字**

文字通り，同じ読み方の漢字を集めます。

「ショウ」は，小，省，将，生……たくさんありますね。

⑤ **画数同じ漢字**

これも文字通り，画数が同じ漢字を集めます。

例えば，5画ならば，正，生，目……。こちらもたくさんありますね。

⑥ **しりとり漢字**

1つめの漢字を決めます。そしてその漢字を使って熟語を作ります。

熟語は，三字熟語，四字熟語でもかまいません。そしてつなげられた熟語の最後尾を使って，次の熟語を作ります。

例えば，始めの文字を「一」とすると，

一本 → 本当 → 当選 → 選手会 → 会場係 → 係長 ……

どこまで続けられるでしょうか。

⑦ **熟語探し**

ある特定の漢字を使って，熟語を集めます。例えば，「大」を使って集めるとします。「大会」，「大切」，「大風」……。なお，スタートの文字は，簡単な文字がいいでしょう。

アレンジ

どの漢字探しでも，発表のさせ方を工夫すると，さらに楽しむことができます。たくさん集めた子どもを漢字博士！として，認定証を渡すこともいいでしょう。学習班ごとの対抗戦にすることもおもしろいでしょう。授業参観なら，保護者も巻き込んで取り組んでもいいでしょう。

☑ 評価のしかた

書いた文字に対しては，許容の字体の考え方もありますので，意欲を中心に評価したいです。ただし，「未」を「末」と書くようなことは，避けたいです。

かたぐるま（おんぶ）漢字

（　）年（　）組　名前＿＿＿＿＿＿＿＿＿＿＿＿

思 という漢字は、

田 と 心 のように、横半分に分けることが出来ます。これを「かたぐるま（おんぶ）漢字」とよびます。

どれだけの「かたぐるま（おんぶ）漢字」を見つけることが出来るでしょうか。さがしてみましょう。

低学年

中学年

高学年

手つなぎ（ペア）漢字

（　）年（　）組　名前＿＿＿＿＿＿＿＿＿＿

顔 という漢字は、彦 頁 彦と頁 のように、たて半分に分けることが出来ます。これを「手つなぎ（ペア）漢字」とよびます。

どれだけの「手つなぎ（ペア）漢字」を見つけることが出来るでしょうか。さがしてみましょう。

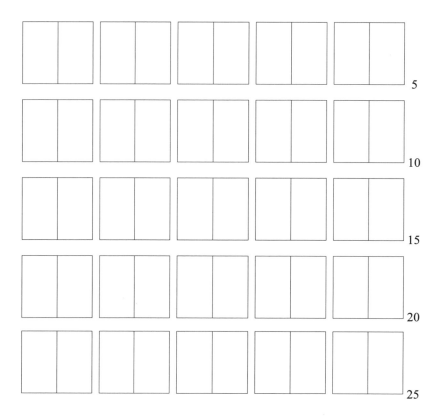

45 漢字ビンゴ

ビンゴは，子ども大好き！

話す・聞く　書く　読む　伝統的な言語文化

★ つけたい力 ★

漢字への理解と関心を高め既習した漢字をたくさん書くことができる。

●時間…取り組み次第　　●準備するもの…ノートやビンゴカード

こんな楽習！

文字通り漢字を使って，ビンゴをします。

ノートの升目を使って行えば，ビンゴの表もすぐに作ることができます。もちろん，事前にビンゴカードを用意してもよいでしょう。

また5×5の升目だけでなく，取り組む時間に合わせて，4×4，3×3でもできます。

進め方

（部首ビンゴ）

① 「『イ（にんべん）』が付く漢字を知っていますか。」と発問します。数名の子どもたちを指名します。

② よく知っていますね。では，たくさんあるようですから，漢字ビンゴをしましょう。

③ ノートの升目を使って表を描くよう伝えるか，無地のビンゴカードを配布します。

④ 「ビンゴカード（表）に，『イ（にんべん）』のつく漢字を書きましょう。」

⑤ なかなかビンゴカードが埋まらない子どもがいた場合は，教えてあげてもいいでしょう。

⑥ 縦，横，斜め，一直線にそろったら「ビンゴ！」と言います。あと1つで，「ビンゴ」になるときには，「リーチ！」と言います。3ビンゴで，上

がりです。（時間に合わせて，ビンゴ数を決めます。）

アレンジ

漢字ビンゴでは，いろいろ取り組むことができます。

　（1）部首ビンゴ

　（2）画数ビンゴ

　（3）単元で学習した漢字ビンゴ

　（4）「はね」「はらい」がある漢字ビンゴ

　（5）友だちの名前にある漢字ビンゴ

などです。

　先述の「漢字探し」と組み合わせて取り組むと「楽習」もさらに「ぱわぁあっぷ」することでしょう。

　ビンゴなので，漢字以外のネタでもできます。算数や社会，理科でも使えますよ。

☑ 評価のしかた

　ここでは，漢字をたくさん書くことを目指します。大きな間違いでなければ，よしとします。子どもたちが発表した漢字を黒板に書いた時に，わざと間違えたり，注意させたいポイントを色を変えて板書したりすると，さらに効果的です。

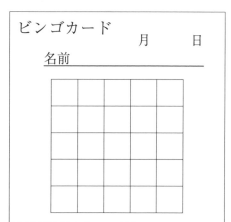
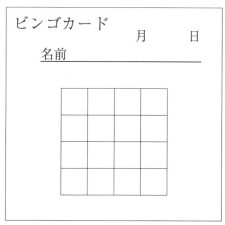

46 画数最大の漢字

話す・聞く　書く　読む　伝統的な言語文化

これは，びっくり！

★ つけたい力 ★

漢字への理解と関心を高め既習した漢字をたくさん書くことができる。

● 時間…取り組み次第　　● 準備するもの…教科書や新聞，漢字辞典など

 こんな楽習！

漢字の学習が進んできたら……。クイズのように謎解きをしながら，たくさんの漢字を書いていきます。課題の漢字を見つけるために，辞典にも触れます。その後の自主勉強にもつながる「楽習」ネタです。

 進め方

① 「さて，三年生で習った漢字で，一番画数が多い漢字は何だろう。ノートに書いて，調べてみよう。」と促し，ノートに書く準備を指示します。
② 「画数を言いながら，書いていくと分かりやすいよ。」と助言するとよいでしょう。

アレンジ

各学年で取り組むことができます。以下，参考にしてください。

　☆各学年別最大画数漢字

　　　1年生……12画「森」　　　4年生……20画「議」「競」
　　　2年生……18画「曜」「顔」　5年生……20画「護」
　　　3年生……18画「題」　　　6年生……19画「警」「臓」

　☆各学年別最小画数漢字

　　　1年生…… 1画「一」　　　4年生…… 3画「士」
　　　2年生…… 2画「刀」　　　5年生…… 3画「久」
　　　3年生…… 2画「丁」　　　6年生…… 3画「干」「己」「寸」「亡」

もちろん，最大最小の画数だけでなく，5画や6画などと限定してもおもしろい「楽習」となります。
　子どもたちが，教科書や新聞，漢字辞典などを使って調べ出すこともよしとしましょう。ただし，始めから使うのではなく，使いたいという子どもが出た時に，大いに褒めましょう。そうして褒めることによって，その子どもが認められるだけでなく，その行為がすばらしいことなのだと伝えることができます。
　また，使いたいと言い出す子どもが出ないからと言って悲観することもありません。それだけ，たくさんの漢字を書いている表れでしょう。

※参考までに常用漢字で画数が最大なのは，「鬱」（29画）になります。
　さらに，こんな漢字もあるのだとか……。
○龍を4つ，興を4つ並べた漢字（64画）

| 龍龍 |
| 龍龍 |

※「テツ，テチ」と読みます

| 興興 |
| 興興 |

※「セイ」と読みます

○確認されている画数最大の漢字（84画）
　上部…雲　中部…雲龍雲（雲雲／龍）　下部…龍龍

| 雲 |
| 雲龍雲 |
| 龍龍 |

| 雲 |
| 雲雲 |
| 龍 |
| 龍龍 |

※「たいと・だいと・おとど」と読みます

☑ **評価のしかた**
　これは，答えがはっきりしているので，○か×かという評価になりますが，たくさんの漢字をノートに綴ったことを丁寧に褒めたいです。

47

話す・聞く　書く　読む　伝統的な言語文化

学習の発表方法に一工夫入れられる！
漢字リレー

★ つけたい力 ★

漢字への理解と関心を高め既習した漢字をたくさん書くことができる。

●時間…取り組み次第　　●準備するもの…チョーク各グループ分

 こんな楽習！

　ここまで，漢字探しの「楽習」ネタをお伝えしました。その発表方法の工夫です。ゲーム化すると，子どもたちの関心も高まります。学習が「楽習」に進化していきます。

 進め方

① 漢字探しをグループ対抗にします。
② 先述したような漢字（P103～117）を探した後，発表をグループごとに行います。チョークをバトン代わりにして，子どもたちに板書させます。
③ 走って順に書かせる競争型ではなく，漢字の個数を競うので，慌てずに順に書かせるとよいでしょう。
④ 個々に書いている漢字がたとえ無くなったとしても，同じグループの仲間が他にも書いている場合，代筆させることもできます。そうすることで，書いた漢字が少ない子どもも，書くことができるでしょう。

アレンジ

　計算問題，特にかけ算やわり算の筆算をグループで解くという課題にも使えます。

☑ **評価のしかた**

　各漢字探しの段階で，この字は，OKかどうかを評価するとよいでしょう。子どもたちでもできますが，微妙な漢字については，先生が判断する方がよいでしょう。

48 漢字五万字

たったこれだけなら，覚えられる！

話す・聞く　書く　読む　伝統的な言語文化

★ つけたい力 ★

漢字への理解と関心を高め，既習した漢字をたくさん書くことができる。

- ●時間…5分
- ●準備するもの…「これが五万字」（大修館書店）ポスター，10ポイントで印刷した当該学年の漢字一覧

こんな楽習！

新しい漢字学習の導入を楽しく。それも短時間で！必要なものはポスターと当該学年の漢字一覧。子どもたちの学ぶ意欲を高める「楽習」ネタです。

進め方

① 「漢字学習の前に，クイズを出します。漢字は，中国から伝わってきました。さて中国には，いくつぐらいの漢字があると思いますか。」
② 子どもたちの予想後，「約十万字あります。では，日本には，どれだけの漢字があるでしょう。」と話し，予想させます。
③ 「日本にある漢字は……。」と話し，ポスターを見せます。
④ 「約五万字あります。そして君たちが，この一年間で勉強する漢字は……。」と，当該学年の漢字一覧を見せます。
⑤ 「一年間の漢字は，たったこれだけ。五万字に比べれば，あっという間だよ。」と話し，新出漢字指導に入ります。

※ポスターが1986年発行なので，教育漢字数が996字になっていますが，現在は1006字です。

☑ 評価のしかた

子どもたちが漢字に関心を示してくれればよいでしょう。

49 初めての平仮名指導

話す・聞く　書く　読む　伝統的な言語文化

最初だからこそ、ていねいに

★ つけたい力 ★

平仮名及び片仮名を読み、書くこと。また、片仮名で書く語の種類を知り、文や文章の中で使うことができる。

●時間…10分　　●準備するもの…ワークシート

こんな楽習！

平仮名指導は、始めが肝心。丁寧に取り組みたいものです。のちの片仮名指導、漢字指導、また、2年生以降の文字指導の基本にもなります。

進め方

① 1年生の文字練習ノートの升目に合わせたワークシートを用意します。わたしは、ラベルマイティプレミアムやExcelなどのパソコンソフトを使います。これらのソフトで、練習帳の枠を作ります。

② その枠に、書体は教科書体（KanjiStrokeOrdersというフリーフォントを使うと筆順が出ます。ただし100ポイント以上の大きさ限定です）、色は、グレーに設定して、練習させたい文字を入力します。それを印刷すると、なぞり書きのワークシートができます。

③ ラベルマイティプレミアムやExcelでは、差込機能を使い、文字を参照できます。そこで、①で作った枠を基本としながら、差し込みファイルから練習させる文字をリンクするとよいです。

アレンジ

片仮名指導、漢字指導にも使えます。

☑ 評価のしかた

子どもの実態を見て、このワークシートを1ページ分ではなく、半分にしたり、3分の1にしたりしてもよいでしょう。

話す・聞く　書く　読む　伝統的な言語文化

片仮名は,「カタカナ」と書きません

知っておこう, 片仮名表記

★ つけたい力 ★

平仮名及び片仮名を読み, 書くことができる。片仮名で書く語の種類を知り, 文や文章の中で使うことができる。

●時間…20〜30分　●準備するもの…ノート

 こんな楽習！

テレビを見ていると, 字幕が入ることが多くなりました。また, デジタルテレビになり, 設定をすると, 字幕が表示されるようになりました。だから音声を聞き取りにくい状況での視聴が楽になりました。これは, 特別支援教育, ユニバーサルデザインという考え方からは, よいことです。しかし, 片仮名の使われ方に疑問も……。知っているのと知らないのとでは大違いの片仮名の「楽習」です。

 進め方

① 「片仮名を使う言葉を集めてみましょう。」と伝え, ノートに書き出すように指示します。
② 「さて片仮名で書く言葉は, どのような言葉かな。教科書を確認しましょう。」
③ 「ア『いろいろなものの音』, イ『動物や虫の鳴き声』, ウ『外国から伝わってきたことば』, エ『外国の, 国の名前や土地の名前や人の名前』ですね。」
④ 「集めた言葉を整理してみましょう。」と伝え, 上記のア, イ, ウ, エに分けます。

ア レ ン ジ

先に片仮名を使う言葉を教え, その後, ア, イ, ウ, エの4種類それぞれ,

片仮名で書く言葉を集めてもおもしろいです。

☑ **評価のしかた**

　学習指導要領を見てみると，伝統的な言語文化と国語の特質に関する事項の中で，

　（１）「Ａ 話すこと・聞くこと」，「Ｂ 書くこと」及び「Ｃ 読むこと」の指導を通して，次の事項について指導する。

　　ウ　文字に関する事項

　　　（ア）平仮名及び片仮名を読み，書くこと。また，片仮名で書く語の種類を知り，文や文章の中で使うこと。

とあります。

　そこで，片仮名表記の基本を以下に示してみました。

　・いろいろなものの音
　・動物や虫の鳴き声
　・外国から伝わってきたことば
　・外国の，国の名前や土地の名前，人の名前

などです。これは各教科書にも掲載されている事柄です。

　よって，
・ぼくは，雷がゴロゴロと鳴っているので，部屋でごろごろして過ごす。
・携帯電話が，ブルブルと音を立てて，ぶるぶる震えている。
といった文章で，「部屋でゴロゴロする」や「ブルブル震える」とは表記しません。

　また，「ボール」を平仮名で書く場合は，「ぼーる」と書かずに「ぼうる」と書きます。東京書籍の２年上の教科書を例に挙げると，「ー」は，「片仮名で伸ばす印」と掲載されています。「ー」は，平仮名ではありません。平仮名と混在させて使わないのが基本です。

　だから，片仮名は，「カタカナ」と書きません。「かたかな」と書くのです。

51 読点の学習, どこで切る?

低学年に大うけ!

話す・聞く 書く 読む 伝統的な言語文化

★ つけたい力 ★

句読点の打ち方や, かぎ (「 」) の使い方を理解して文章の中で使うことができる。

● 時間…15〜20分ごと　　● 準備するもの…ノート

 こんな楽習!

　読点を打つところは, 大人でも悩ましいところ。まずは, そのような難しいことは考えずに, 読点を打ってみます。ただ, 打ち方を誤ると, とんでもない文に……。

　いわゆる, ぎなた読みです。「弁慶が, なぎなたを持って」を「弁慶がな, ぎなたを持って」と読んだ人がいたので, ぎなた読みになったとか。笑顔いっぱいになる「楽習」ネタです。

 進め方

① 下記の文を提示して,「どこ読点を打つのかな。」と聞きます。ノートに視写させてもよいでしょう。
② 下記の文をベースに読点をつけた文を完成させて, 発表させます。

1. ぼくはくさい
2. ぱんつくった
3. やくざいしにあたる
4. きょうふのみそしる
5. ふろにはいるかはいらないか
6. あくのじゅうじか
7. てれびのみすぎ
8. うんこのプリン (ホテル)
9. わたしはなきながら走る弟をおいかけた
10. せき田さんと知り合いの木村くんもでかけた
11. おしょくじけんはだいかんげい
12. ねえちゃんとおふろはいってる

13. みんなもえろほんきになって
14. りかちゃんとべんきょうしてる
15. きょうじゅうにたべてね
16. ここではきものをぬいでね
17. 赤い花びんの中の花
18. 黒いかみのきれいな女の子
19. のろいのはかばだ
20. あさがたのしみだ
21. いまいちえんがないんです
22. あのおかまでかけていくわよ
23. きみはしらないの
24. いいなまえだ
25. おれにくいやだな
26. うみにいるかのたいぐん
27. きょうははいしゃにいく
28. ゆでたまごをくったひと
29. あくまのにんぎょう
30. しんだいしゃをてはい

アレンジ

　そのまま使える文もありますが，例えば，1番の「ぼくはくさい」に，「たべる」をつけて，「ぼくはくさいたべる」とすると，「ぼく，はくさいたべる」となります。読点をつけてすぐ意味の分かる文もありますが，3箇所以上つけられる文については，イメージの違いを発表させてもおもしろいですね。（中・高学年でもできるでしょう。）

☑ 評価のしかた

　低学年なので，読点のつける位置によって意味が変わることが体感でき，読点をつけて文を書こうという意欲が高まればよいでしょう。

話す・聞く　書く　読む　伝統的な言語文化

習字の授業もこれで OK

どの子も伸びが分かる毛筆指導

★ つけたい力 ★

文字の組み立て方を理解し，形を整えて書くことができる。

●時間…45分　　●準備するもの…習字道具，半紙・練習用紙

 こんな楽習！

字が苦手な先生でも，毛筆指導は必ず行わなければなりません。年間30時間ほど行う授業ですので，しっかりと指導したいです。そこで，どの子も伸びが分かり，習字が大好きになる「楽習」ネタです。

 進め方

① 課題の字を毛筆で書きます。
　・手本を見ないで，半紙に書かせます。
② 手本の字のめあてを確認し，高めるポイントを確認します。
　・手本（教師作成や指導書資料）を見ながら，ポイント指導をします。
　　（評価カードを配布）
　・手本と自分の字を見比べて，頑張りたいところに赤鉛筆で○をつけます。
【評価カード】

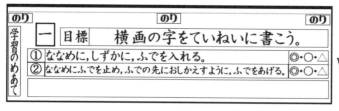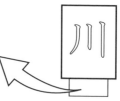

③ 練習用紙で練習します。（3〜4枚）
　・籠字で書かれた練習用紙を用意します。墨を吸いやすい用紙に印刷をします。（できれば，すぐに捨ててしまうので，裏紙などを使うとよいか

もしれません。)
④ 半紙に清書をします。(3枚程度)
⑤ 一番できの良い作品を選ばせます。
⑥ 評価カードの「◎・○・△」の中から,自分の達成度や頑張り度を自己評価させます。
⑦ 評価カードを清書の下部に貼り,提出させます。

ア レ ン ジ
☆ポイントの指導や練習のあれこれ

【点画ピース】　　　　　　　　　　【間違い探し】

点画ピースを使い,操作活動を通して,始筆の位置や画と画の間隔などについて確認します。

気をつけさせたいポイントを間違えた字と比較して,間違い探しをさせます。

☆練習用紙の工夫

【籠書き】　　　　　　【骨書き】　　　　　　【枠書き】

輪郭だけ線書きにし,その中へ一筆で点画を書く。

実線で方向を示しておいて,その上をなぞり書きをする。

字形のヒントとなる補助線のみを示しておいて,その中へ書く。

【比較書き】

初めて筆で練習した字を半紙の上半分に書き,清書段階で下半分に書く方法。字によっては,半紙を横にして書かせてもよい。

☑ 評価のしかた
評価カードをつけているのは,習字の清書を作品と捉え,作品に朱を入れないとの発想からです。

53 「ぱわぁあっぷ」あいうえおカード

平仮名を「楽習」カードで学ぶ

★ つけたい力 ★

平仮名及び片仮名を読み，書くこと。また，片仮名で書く語の種類を知り，文や文章の中で使うことができる。

●時間…10分　　●準備するもの…「ぱわぁあっぷ」あいうえおカード

 こんな楽習！

　平仮名指導は，ただ書く練習，音読練習だけではなく……，遊びながら覚えてしまいましょう。幼稚園や保育所では，かるたで文字指導に取り組みます。ここで，「楽習」カードの出番です。後輩が一年生を担任すると聞いて，30分で作ったカードですが，重宝しています。

　「ぱわぁあっぷ」あいうえおカードには，平仮名，その文字を使った言葉を入れています。興味付けのために，片仮名，ローマ字，指文字を入れています。

　子どもの実態を見て，カードの絵を変えることもよいでしょう。また，2，3組のカードを混ぜて言葉づくりをすることもおもしろいです。

 進め方（遊び方）

① 「ことばづくり」ゲーム

・トランプの神経衰弱の要領で行います。カードをめくり，文字をつなげて言葉になれば，自分の取り札となります。一番多く集めた子どもが勝ちです。

・たとえば，「3枚！」とめくる枚数を宣言してから，言葉を作ることができたら，取り札となります。もしくは，「3枚までめくっていいよ。」として，1文字，あるいは，2文字の時点で言葉になっていれば，取り

札にすることができるとしてもいいでしょう。

② **なにぬねの（はひふへほ）並べ**
- トランプの7並べの要領で行います。
- 「あ行」から「わ行」の大体真ん中の「なにぬねの」か「はひふへほ」をトランプの7と見立てて始めます。数字も小さく印刷しています。5を中心にして，右へ行くと数字が小さくなっています。
- 「を」や「ん」をジョーカーの役割にします。

③ **文字つなぎゲーム**
- カードを均等に配布して，順番を決めます。
- 1番目の子は，好きなカードを出し，次の子は，出されたカードにつないで言葉を作っていきます。たとえば，1番目の子が「あ」を出した後，2番目の子が「し」を出し，「あし」となります。
- 3番目の子は，「あ」につながる「さ」を出して，「あさ」としてもよいし，「し」につながる「か」を出して，「しか」としてもいいです。
- 3文字，4文字つないで言葉ができる場合は，その順番でたくさん出せるようにすると，さらに盛り上がります。

④ **平仮名○抜き**
- カードを均等に配布して，順番を決めます。
- カードを使って言葉ができたら，そのカードを場に出していきます。
- 場に出すときは，声に出して読みます。
- どの子どもも場に出す言葉が無くなったら，後は，トランプのばば抜きの要領で，隣の子どものカードを1枚ずつ取っていきます。
- 早く無くなった子どもの勝ち。もしくは，一番手札が少なかった子どもの勝ちとなります。

⑤ **ワードバスケット**
- このゲームには正式なルールがあります。サイトなどで確認するといいでしょう（URL：http://jaga-tokyo.com/wordbasket）。
- 正式のルールでは，言葉は3文字以上で作るのですが，低学年の場合は，

「はし」と言って「し」のカードを出すなど２文字も認めてあげるとよいでしょう。中・高学年では，３文字以上の言葉の方がおもしろいと思います。「はかま」と言って，「ま」を出した人の次は，「ま」から始まり，自分の持ち札の文字が言葉の最後になるように，置いていきます。簡単にいうと，しりとりです。もちろん，しりとりですから，「ん」で終わってはいけません。「ん」を持っていたら，「ん」の文字が入った言葉を早く作ることが勝つポイントです。

・各自５枚ずつ配ります。残りの札は，中央に置きます。（場札）
・場札に置かれたカード１枚を表に向けます。その文字で始まり，手札の文字で終わる単語を言いながら，手札を中央に出します。手持ちの札が早く無くなったら，勝ちです。

☆場札が「は」で，手札が「く」，「た」，「ま」，「あ」の場合
・「はかま」と言って「ま」のカードを出します。これで，OKです。
・「ばいく」と言って，「く」のカードを出すこともできます。濁点や半濁点をつけるのは自由です。「ぱあそなるこんぴゅうたあ」などの最後の文字が長音の場合は，直前の文字の母音字を引っ張ったものを最後の音と見なします。だから，この場合は，「あ」となります。ただし表記揺れを用いて「ぱあそなるこんぴゅうた」として，「た」を出すことも可能です。

☆特殊音節の場合
・言葉の最後が拗音で，「ゃ」「ゅ」「ょ」の文字で終わる場合は，元の文字「や」・「ゆ」・「よ」のカードを使います。

☆あがりのルール
・最後の手札を使う「あがり」の時に限り，４文字以上の言葉を使わなければならないというルールにします。ただし，クラスの実態に合わせて，緩めてもいいでしょう。

☆特殊カードを作ると，さらにおもしろい
・「あ行」，「か行」などの「行ワイルドカード」「５文字の単語」，「６文字

の単語」,「7文字以上の単語」などの特殊カードもあります。場合によっては追加してみるのもおもしろいかも知れません。

☆順番は，ない！
・プレイの順番は無く，誰でも思いついた順にカードを出します。
・ほぼ同時に行動が行われた場合は，真ん中に，先にカードが置かれた方が優先されます。バスケットや空き箱など，カードを入れるケースがあると，こういったトラブルも防ぐことができるでしょう。

☆リセット
・また，なかなか手持ちのカードで思いつかない場合は，「リセット」と言って，手持ちの全札プラス一枚の数ぶん場の札と交換することもできます。

☆リーチ
・手札が残り1枚となったらUNOのように，「リーチ」を宣言します。その状態で最後の札を場に出せたら，その子どもの勝ちです。

アレンジ

ワードバスケットは，何年生でも取り組むことができます。語彙を豊富にする「楽習」ゲームです。学校で行う場合は，教科書や辞書を使ったり，学習した範囲から言葉を出させたりすることも可能です。

なお，片仮名指導では，「ぱわぁあっぷ」かたかなカード，ローマ字指導では，「ぱわぁあっぷ」ローマ字カードも作ってみました。

☑ **評価のしかた**

目的を文字の獲得にしたり，言葉を増やしたりと様々な設定をすることができます。大切なことは，楽しむということです。

なお，カードについては，下記に掲載しています。

※Facebook ページ
「楽書き」「楽習」教材集
https://www.facebook.com/rakugaki.gakusyu.kyozai.syu

54

話す・聞く　　書く　　読む　　伝統的な言語文化

古典の学習もこれで OK

「ぱわぁあっぷ」百人一首

★ つけたい力 ★

百人一首に慣れ親しむことができる。

- 時間…2〜10分ごと
- 準備するもの…「ぱわぁあっぷ」百人一首

こんな楽習！

和歌や短歌の学習のため、百人一首の「楽習」カードを作成しました。みんなで楽しみながら行うことで、あっという間に、覚えることができるでしょう。学級づくりにも使える「楽習」ネタです。

進め方（遊び方）

工夫次第で1回戦が、1分30秒で終わります。

名刺カードなどの用紙に印刷すれば、あっという間に使えます。百人一首を句順に10のグループに分け、取り組みます。

① 図①のように机の上に、10枚のかるたを並べます。五枚ずつお互いに見えるように並べます

② 教師が、百人一首を音読します。ポイントは、10句中9句を読むことです。そうすることで、勝敗がつくからです。また、最後の1枚を取ろうとして、怪我を起こす心配もありません。勝敗を確認して、

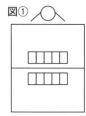
図①

図②　読み手（教師側）

負けた子どもは前へ移動する。

勝った子どもは、後ろへ移動する。

対戦相手を変える時は、図②のように子どもが移動するように指示します。教師が音読している方へ、負けた子どもが移動し、勝った子どもは、その逆に移動します。一番後ろの座席で勝った子どもと一番手前で負けた子

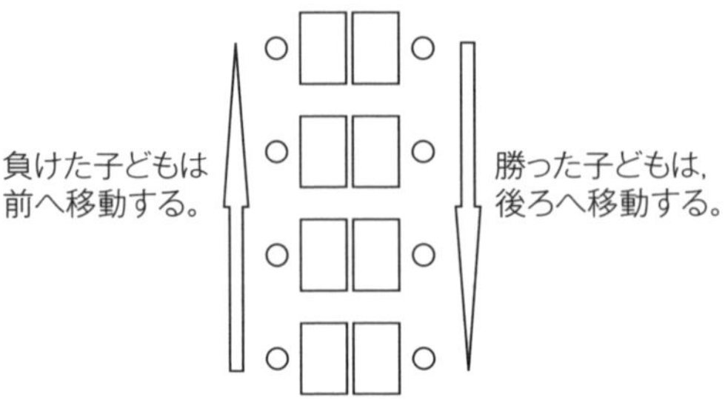

どもは，動きません。
③　何回か対戦をしていると，自然に苦手な子どもが教師の付近に集まってきます。教師が読む前に，その子どもにちらっと，札を見せたり，苦手な子どものペースに合わせて音読したりすることができます。苦手な子どもが，一度は勝てるような支援をさりげなく入れることができるのです。
④　10枚で取り組むので，一回戦が長くても1分30秒程度で収まります。5分間もあれば，3度取り組むことができます。朝の会や帰りの会でも取り組むことができるので手軽です。

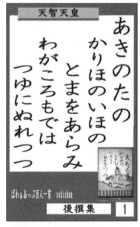

🅐🅡🅡🅐🅝🅖🅔
　カードが多いので，一度に全てを与えず，10枚程度ずつ，カードを渡していくこともいいでしょう。また，取り組んでいる10句の音読カードを作ったこともあります。家庭での協力も得ることができて，さらに楽しい取り組みになりました。

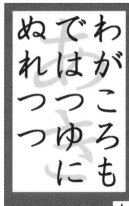

☑ **評価のしかた**
　古典の代表格である百人一首に親しむことがメインですので，あまり覚えることを重視しすぎないように取り組みます。その後，休み時間などを使って遊ぶことができるようにすることもいいでしょう。
　なお，カードについては，下記に掲載しています。
※Facebook ページ
「楽書き」「楽習」教材集
https://www.facebook.com/rakugaki.gakusyu.kyozai.syu

55

話す・聞く　書く　読む　伝統的な言語文化

ことわざの学習もこれで OK
「ぱわぁあっぷ」ことわざ ONU カード

★ つけたい力 ★

ことわざに慣れ親しむことができる。

●時間…15～20分ごと
●準備するもの…ぱわぁあっぷ「ことわざ」ONU カード

　こんな楽習！

　4年生や5年生のことわざの学習のため，「楽習」カードを作成します。ことわざを知って使うことによって知的好奇心が高まり，子どもの話し言葉も変わってきます。あっという間に，ことわざについての見識のある子どもたちが増える「楽習」ネタです。

　進め方（遊び方）

〈カードの説明〉
　S（スキップ）……次の人は，1回休み
　R（リバース）……逆の順番になる
　W（ワイルド）……出した人が好きな色に変えられる
　＋2（ドロー2）……次の人が2枚取る
　＋4（ワイルドドロー4）……出した人が好きな色に変えられる
　　　　　　　　　　　　　　　次の人が4枚取る

① 1人14枚配ります。残りは，山札にします。場には，1枚出しておきます。
② 順番を決め，場札と同じ色のカードを出します。場に出すときに，「礼も過ぎれば無礼になる」などと音読して出します。同じ色がない場合は，場札から1枚取ります。
③ その他のルールは，場札と同じ色，数の場合は，2枚出しができます。

上記の特別カードは，そのルールに従います。
④　手札が残り1枚になったら，「リーチ！」と言ったあと，知っていることわざを言います。「リーチ！」と言わなかったり，知っていることわざが言えなかったりしたら，山札から2枚取ります。その後，再リーチする時は，違うことわざを言います。
⑤　手札が無くなったら勝ちです。

アレンジ

カードが多いので，一度に全てを与えず，数文ずつのカードを渡してもいいでしょう。また，表には，ことわざ全文，裏には，ことわざの前半部分が書かれたカードの両面印刷をすると，覚えやすいカードにもなります。

また，取り組んでいることわざについての音読カードを作成したり，そのことわざを使った短作文に取り組むことも理解を深めることになります。

☑ 評価のしかた

ことわざに親しむことがメインです。子どもたちの実態に応じて，カードの枚数やことわざの選定を行ってください。その後，休み時間などを使って遊ぶことができるようにすることもいいでしょう。

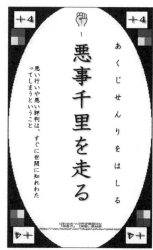

カードについては，下記に掲載しています。
※Facebook ページ
「楽書き」「楽習」教材集
https://www.facebook.com/rakugaki.gakushyu.kyozai.syu

56 辞典ゲーム「たほいや」

話す・聞く　書く　読む　伝統的な言語文化

本当の意味はどれかな

★ つけたい力 ★

国語辞典に慣れ親しむことができる。

- ●時間…15～20分ごと
- ●準備するもの…紙，ペン（出題者用に太ペン），国語辞典，チップとなるもの（厚紙に10ポイントなどと書いたカードでもいい）一人15枚ずつ＋予備（ルール内の乗せる枚数を変動することによって，用意する枚数を変えてもよい）

こんな楽習！

辞書から選んだ言葉について，本来の意味（説明文）と嘘の意味を混ぜて，回答者が，本当に辞書にある意味を当てる「楽習」ネタです。

進め方（遊び方）

① 4～5人で取り組むのが適当です。

まず，親の順番を決めます。親は一人一回します。子どもの実態によっては，必ずしも全員に取り組ませなくてもいいでしょう。また時間に合わせて工夫するとよいでしょう。

② 親は，使う辞書の中からみんなが分かりにくい，知らないだろうなと思う言葉を見つけます。（同音異義語は，避けた方がよい。）

③ 親は，見つけた言葉をひらがなで書いて，子（出題される人）に見せます。辞典内で，見出しになっている言葉ならば，（固有）名詞・動詞・形容詞など，品詞に関係なく出題できることとします。品詞について分からない子どもが多いと思われるので，特に話さなくてもよいかもしれません。

④ もし，見せた言葉を知っている人がいたら，おもしろくないので，子は，「チェンジ！」と言って，別の言葉に変更することができます。

⑤ 子は，出題された言葉の意味を考えてカードに書きます。そしてそれを

親に渡します。
⑥　全員の解答が集まったら，親は，辞典に載っている解答も含めて，すべてをを読み上げます。誰がどの解答を書いたかは親以外知らないようにしておきます。
⑦　子は，親が読み上げた解答の中で，正しいと思う解答に3枚までのチップを乗せます。しかし，自分が書いたものには，乗せることが出来ません。
⑧　親が，子に何枚乗せるかを確認します。
　・親：「Aさん，何枚乗せますか？」
　・子A：「2枚です。」
　・親：「Bさん，何枚乗せますか？」
　・子B：「3枚です。」
⑨　子の全員が同時に，どれに乗せるかを言います。
⑩　親が正解を発表します。発表後，チップを配分します。
⑪　不正解者は，親にチップを1枚渡します。
⑫　不正解者が賭けたチップは，正解者にすべて渡します。複数の正解者がいる場合は，半分に分けます。奇数になった場合は，じゃんけんや予備カードを使います。さらに正解者は，乗せた枚数と同じ数のチップを親からもらいます。
⑬　全員が親を務めたら1ゲーム終了です。チップの多い人が勝者となります。

🅰🅻🅴🅽🅹 アレンジ
国語辞典を広辞苑で行うと，おもしろさが増します。

☑ 評価のしかた
国語辞典に親しむことができるとよいでしょう。難しい言葉や慣用句などに絞らせると，語彙がさらに豊富になることでしょう。

57

話す・聞く　書く　読む　伝統的な言語文化

四字熟語の学習もこれでOK！
ぱわぁあっぷ「四字熟語」ドッキング・ONUW

★ つけたい力 ★

四字熟語に慣れ親しむことができる。

●時間…15～20分ごと
●準備するもの…ぱわぁあっぷ「四字熟語」ドッキングカード，ぱわぁあっぷ「四字熟語」ONUWカード

こんな楽習！

　5，6年生の国語の学習で，四字熟語の学習と様々な言葉に触れるため，「楽習」カードを作成します。遊びながら，あっという間に，四字熟語についての見識のある子どもたちが増えていきます。

進め方（遊び方）

① 四字熟語ドッキング
　・最初は，1人7枚ずつ配ります。残りは，山札に置きます。場には，いつも4枚が出ているようにします。四字熟語が作られて，場に4枚ないときは，山札から取って4枚にします。
　・どの場合でも，四字熟語ができたときは，音読します。
　・場の4枚が偶然，四字熟語になってしまった場合は，のけておいて，最初に持ち札が無くなった人のものとします。
　・持ち札で，四字熟語ができている場合は，自分の取り札となり，横にのけておきます。

・順に，場に出ているカードと持ち札とを合わせて，四字熟語になれば，自分の取り札（得点）となります。

・四字熟語になるカードをもっていない場合は，山札から１枚取り，これを順番に続けていきます。

・持ち札が無くなるまで続け，取り札（得点）が一番多い人が勝ちです。

② 四字熟語神経衰弱

・文字通り，神経衰弱！全部を裏返しにして，四字熟語が完成されればOKです。この時も四字熟語ができたときには，音読をします。

③ 四字熟語じじ抜き

・トランプのじじ抜きの要領で行います。

・任意の一枚のカードを抜いておきます。誰も見ないようにします。

・順に取り，四字熟語になれば，場に出していきます。その際，四字熟語を音読して場に出します。早く無くなれば勝ちです。

※四字熟語が出来たかどうかは，カードを縦に並べると，たとえば，赤色の☆などのように，同色，同記号でつながるので分かります。

☑ **評価のしかた**

　四字熟語に親しむことがメインですので，覚えさせることに必死にならないように取り組みます。あくまでも楽習ですので，楽しみながら取り組みたいものです。その後，休み時間などを使って遊ぶことができるようにすることもいいでしょう。四字熟語の成立は，カード内の記号と色で分かるのですが，そちらをあまり頼りすぎないようにすることは，伝えたいです。

　カードについては，下記に掲載しています。

※Facebook ページ

「楽書き」「楽習」教材集

https://www.facebook.com/rakugaki.gakusyu.kyozai.syu

あ・と・が・き

　大学卒業後すぐに，産休を取られる先生の代わりとして，6月初旬に赴任しました。偶然にもすぐに校内研修で，先輩の国語の授業を見ました。その時は素直に，「あんな授業がしたい」と思いました。
　・楽しい授業をすること。
　・書くことを空気を吸うのと同じようにできるようにすること。
まずは，この2つを意識し，教師修業の日々を積み重ねました。

　そのようなときに出会ったのが，野口芳宏先生の『作文で鍛える』と横山験也先生が編集長であった『楽しい学習ゲーム』という教育雑誌でした。
　まさに目から鱗の文章に釘付けでした。やはり授業は，楽しく，力が付くものにしなくてはいけないと強く思ったのでした。
　先輩教師から，「国語の授業は，一番時間数が多い。だから，国語の授業ができると言われる教師は，授業がうまい人が多い。関田も研修を積み重ねよ。」と，言われ，国語を中心として，授業づくりに取り組んできました。

　国語の授業内容は，どの科目にとっても，基盤となる学習が多いと考えています。自分の考えをまとめる，話す，書く，話し合いのために聞く，意見を伝える，など。くわしい説明は要らないでしょう。国語の学習で，学んだ力が定着すれば，様々な教科学習もスムーズに取り組むことができます。つまり，様々な表現方法を習得し，他で活用する教科であると捉えています。

いまや私も中堅になり，
「何か授業参観でできる，国語ネタありませんか。」
「国語のこの単元，関田さんならどのように授業をされますか。」
と聞かれるようになりました。そこで，できるだけすぐ，私なりの考えを伝えてあげたいと思いました。知っていることや自分の取り組みをまとめ，様々な場で公開しました。この積み重ねが，この本につながりました。

　この取り組みが，明治図書出版の松川直樹様の目にとまり，プロットをいただきました。そして何よりも，私に単著の声かけをしていただいたことに最大の感謝をしています。また執筆中は，至らない点も多く，多数のご迷惑をもおかけしました。
　最後に，自分を支えてくださっている全ての方々への謝辞をもちまして，あとがきに返させていただきます。本当にありがとうございました。

2015年10月
　　ひでくんとせえなっちの寝顔を見つめながら

関田　聖和

【参考文献】

『楽しい短作文のネタ50選』横田経一郎（明治図書）
『保護者参観授業を盛り上げる国語科とっておきのネタ』野口芳宏・横田経一郎（明治図書）
『鍛える国語教室　授業の話術を鍛える［増補新版］』野口芳宏（明治図書）
『鍛える国語教室　作文力を伸ばす，鍛える［増補版］』野口芳宏（明治図書）
『教育新書　教室音読で鍛える』野口芳宏（明治図書）
『国語科授業の教科書』野口芳宏（さくら社）
『スイスイ書ける作文ゲーム18選』秋山欣彦（明治図書）
『作文の基礎力を育てる短作文のネタ』吉永幸司（明治図書）
『やんちゃ坊主も熱中する国語授業』浅川清（明治図書）
『新版　楽しい群読　脚本集』家本芳郎（高文研）
『ミニネタ＆ゲームでおもしろい授業を創ろうよ』土作彰（学陽書房）
『野口流　教師のための発問の作法』（学陽書房）
『小学校国語の学習ゲーム集』上條晴夫・菊池省三（学事出版）
『授業づくりの成功法則』福山憲市（明治図書）
『授業づくりの成功法則　算数・国語編』福山憲市（明治図書）
『連盟シリーズ　学び合う力　伝え合う心』神戸市小学校教育研究会国語部（甲南出版社）
『授業力の開発2　ノート指導改革で授業が変わる』有田和正，教材・授業開発研究所（明治図書）
『授業力の開発4　調べ活動のツールは，こう活用する』有田和正，古川光弘，教材・授業開発研究所（明治図書）

『たのしい授業』（仮説社）
『国語教育』（明治図書）
『授業力＆学級経営力』（明治図書）
『実践国語研究』（明治図書）
『教室ツーウェイ』（明治図書）
『授業のネタ　教材開発』（明治図書）
『楽しい学習ゲーム』（明治図書）
『大漢和辞典』（大修館書店）

【著者紹介】

関田　聖和（せきだ　きよかず）

1968年，兵庫県生まれ
創価大学教育学部卒業
1991年より，神戸市内小学校勤務
2010年，特別支援教育士（S.E.N.S）に

〈共著〉

『授業力の開発』シリーズ（明治図書）
『ミス退治事例集　授業づくりの成功法則』シリーズ（明治図書）
『誰でもトップレベルの授業ができるDVD＋BOOK』シリーズ（さくら社）
『チャレンジ！ことわざ大王101』（ほるぷ出版）
『チャレンジ！日本全国お祭りクイズ王101』（ほるぷ出版）
『チャレンジ！学校クロスワード王』（ほるぷ出版）
『1分で音読する古典―100人の先生が選んだこども古典』（ほるぷ出版）
『ひとことで音読する古典―100人の先生が選んだこども古典』（ほるぷ出版）
『100人の先生が選んだこども古典　5分で音読する古典』（ほるぷ出版）
『学校の道具事典』（ほるぷ出版）
『元気になっちゃう！算数（1・2年）』（学事出版）
『朝の会・帰りの会　基本とアイデア184』（ナツメ社）
『クラスがまとまる理科のしごとば　上・下』（星の環会）

国語科授業サポートBOOKS
楽しく学んで国語力アップ！「楽習」授業ネタ＆ツール

2016年2月初版第1刷刊	©著　者	関　田　聖　和
	発行者	藤　原　光　政
	発行所	明治図書出版株式会社

http://www.meijitosho.co.jp
（企画・校正）松川直樹
〒114-0023　東京都北区滝野川7-46-1
振替00160-5-151318　電話03(5907)6704
ご注文窓口　電話03(5907)6668

＊検印省略

組版所　株式会社アイデスク

教材部分以外の本書の無断コピーは，著作権・出版権にふれます。ご注意ください。

Printed in Japan
JASRAC 出 1514562-501

ISBN978-4-18-188610-3

もれなくクーポンがもらえる！読者アンケートはこちらから　→